主动健康系列丛书

YUNDONG ZHUDONG JIANKANG

运动主动健康

组织编写　广西医学科学院·广西壮族自治区人民医院

主　　编　黎君君　李　健　尹　东　王　程　戴丽英

广西科学技术出版社

·南宁·

图书在版编目（CIP）数据

运动主动健康 / 黎君君等主编. --南宁：广西科
学技术出版社，2024.5
（主动健康系列丛书）
ISBN 978-7-5551-2191-6

Ⅰ.①运… Ⅱ.①黎… Ⅲ.①健身运动—关系—健康
Ⅳ.①G883

中国国家版本馆CIP数据核字（2024）第099475号

运动主动健康

主编　黎君君　李　健　尹　东　王　程　戴丽英

责任编辑：黄焕庭　　　　　　　　　　装帧设计：韦宇星
责任印制：韦文印　　　　　　　　　　责任校对：冯　靖

出 版 人：梁　志　　　　　　　　　　出版发行：广西科学技术出版社
社　　　址：广西南宁市东葛路 66 号　邮政编码：530023
网　　　址：http：//www.gxkjs.com
印　　　刷：广西民族印刷包装集团有限公司

开　　　本：787 mm×1092 mm　　1/16
字　　　数：175 千字　　　　　　　　印　　张：9.5
版　　　次：2024 年 5 月第 1 版　　　印　　次：2024 年 5 月第 1 次印刷
书　　　号：ISBN 978-7-5551-2191-6
定　　　价：78.00 元

《运动主动健康》
编委会

◆ ◆ ◆

（除备注工作单位外，其他人员工作单位均为广西医学
科学院·广西壮族自治区人民医院）

主　编：黎君君　李　健　尹　东　王　程　戴丽英

副主编：邓享强　练湛雄　谢彦彤　吴海波

编　者：梁淑芬　莫棋琳　李文华　苏　婷

　　　　梁　斌　刘朝锋　张哲康　谢宇杰

　　　　姚晓婷（防城港市第一人民医院）

　　　　潘康健（梧州市红十字会医院）

　　　　李品纯（钦州市第二人民医院）

　　　　罗　斌（北海市第二人民医院）

　　　　卢　壮（防城港市第一人民医院）

　　　　李　翔（柳州市工人医院）

　　　　秦文卓（广西壮族自治区南溪山医院）

序 一

健康是人类永恒的话题，也是人类终其一生所追求的目标。健康是人生幸福的源泉，是生命之基。当前全球面临着诸多公共卫生挑战，人民对高质量健康的需求不断推动着健康新质生产力的发展，全人群主动寻求健康是新时代对健康的新定位、新要求，同时赋予健康新的时代内涵。从影响健康因素的广泛性出发，顺应新时代发展需求，变"被动医疗"为"主动健康"，推动"以治病为中心"向"以人民健康为中心"转变，积极探索构建主动健康服务体系，全方位地关注全人群的全生命周期健康。

广西医学科学院·广西壮族自治区人民医院发挥主动健康服务示范引领作用，着力构建主动健康服务体系，连续三年推动"构建主动健康服务体系"写入自治区政府工作报告，"倡导'主动健康'"概念写入《广西卫生健康发展"十四五"规划》。大河奔流，涓滴汇聚，理论先行，实践紧随。广西医学科学院·广西壮族自治区人民医院率先以理论筑基，用实践探究真理，先后出版《主动健康理论与实践》《主动健康服务体系》两本专著，为主动健康与主动健康服务体系打牢理论根基，构建"3+1+2"主动健康信息平台和"5+1"主动健康App，先后成立二、三级主动健康中心，引领主动健康服务体系实质性建设推进。

扎根沃土，枝叶凌云。变被动为主动，全面提升全人群的健康主观能动性，将药物治疗转化为以非药物治疗为主的"预防为主""主动干预"和"自我健康管理"。广西医学科学院·广西壮族自治区人民医院重点围绕营养、运动、睡眠、心理和中医等方面，在主动健康根基理论的基础之上散发枝叶，充分发挥专科建设的优势，对眼、鼻、乳腺等方面的重点学科进行主动健康理论与实践的探索，焦点化探索主动健康学科发展，组织编写"主动健康系列丛书"。丛书分为《眼主动健康》《鼻主动健康》《乳腺主动健康》《睡眠主动健康》《运动主动健康》《营养主动健康》《中医主动健康》和《心理主动健康》八个分册，以不同专科的视角为切入点，进一步充实和丰富主动健康的内涵，也为多学科协同开展主动健康管理实践给予针对性的指导。

八本书聚焦各自领域在主动健康方面的理论研究和实践应用，内容翔实明了，具有较强的理论指导性和实践操作性，对八个学科主动健康的细化发展具有里程碑式的意义，为八个学科的发展注入新生且澎湃的力量，使未来的发展有了新的方向。八本书打破教科书式的晦涩难懂、"有教无类"的局面，不再局限于专业的医学人士，而是人人都可以看懂的、通俗的、富有内涵的、指导性较强的图书，对于提高人群的健康主观能动性具有重要意义，是一套值得推荐并仔细品读的作为健康生活指南的好书。

北海虽赊，扶摇可接。主动健康的新赛道已开辟，还有诸多细化的领域等着仁人志士一起探索，在肥沃的土地与扎实的根基上静待花开。

中国工程院院士
中南大学临床药理研究所所长

序 二

　　山因脊而雄，屋因梁而固。一人健康是立身之本，人民健康是立国之基。

　　健康是促进人类全面发展的必然要求，是经济社会发展的基础条件，是民族昌盛和国家富强的重要标志，也是广大人民群众的共同追求。《"健康中国2030"规划纲要》提出了"健康中国"建设的目标和任务。党的二十大报告指出，要把保障人民健康放在优先发展的战略位置，完善人民健康促进政策。这就要求我们从影响健康因素的广泛性出发，关注生命全周期、健康全过程，将维护人民健康的范畴从疾病防治拓展到影响健康的各个领域，将健康理念融入各项政策，实现健康与经济社会协调发展。以"预防为主""主动干预""广泛参与""自我管理"等为特征的主动健康逐渐受到社会和知识界的关注。

　　主动健康是以政府为主导，充分调动全社会的积极性，强调个人是健康的第一责任人，以信息学和生物组学等新技术为支撑，推行健康生活方式，有效监测和干预健康危险因素，促进全民健康的健康管理新模式。主动健康更强调主动获取健康信息和实施有利于健康的行为，强调个人是自我健康的责任人，并重视人类主动选择健康行为的能力，是从"治已病"到"治未病"的转变。

　　在一系列国家战略背景下，主动健康模式应运而生，至此，主动健康服务的良性发展环境已形成。主动健康服务体系是依托主动健康技术，连续动态采集健康信息，组建健康大数据队列，构建全方位、全人群、全生命周期危险因素控制、行为干预、疾病管理和健康服务的技术与产业支撑体系。构建主动健康服务体系对于提升全民健康主观能动性、提高全民健康素养水平、减少非必要药物干预和降低医疗费用等具有重要意义，也是增进人民健康福祉、建设"健康中国"的重要举措。

"十四五"时期是加快建设健康广西、推动卫生健康事业高质量发展的关键时期。推进建设健康广西，是当前努力满足全区各族人民健康新期盼的一项迫切任务。广西高度重视主动健康服务体系的构建。在广西医学科学院·广西壮族自治区人民医院的推动下，"构建主动健康服务体系"已连续三年被写入自治区政府工作报告，"倡导'主动健康'概念"也被写入《广西卫生健康发展"十四五"规划》。

为深入贯彻习近平总书记关于卫生健康领域的重要讲话和重要指示精神，广西医学科学院·广西壮族自治区人民医院从理论和实践两方面先行、先试探索构建主动健康服务体系，将取得的成效积极在全区推广应用，为建设健康广西做出应有贡献。一方面，主动健康理论研究团队相继出版《主动健康理论与实践》《主动健康服务体系》专著，为主动健康的实践提供了理论基础；另一方面，主动健康实践团队通过完善"3+1+2"主动健康信息平台和"5+1"主动健康App，做好五级主动健康中心的推广应用，深化与主动健康第三产业的链接，推动主动健康实践走进广西千家万户，由自治区到14个地级市到111个县（市、区）到1118个镇（乡），再到14164个村，实现从"以治病为中心"到"以人民健康为中心"的转变。

被动医疗建立在还原论的基础上，通过打针、吃药、手术等手段防御和治疗疾病。而主动健康则建立在复杂性科学的基础上，认为人体是一个开放的复杂系统，采用物理、心理、营养等方面的主动干预策略，可增强人体的健康能力与生命活力，进而保持健康状态。由此可见，饮食、运动、睡眠、营养、中医、心理健康等方面的干预在实现主动健康中起到重要作用。为凝心聚力建设新时代中国特色社会主义壮美广西提供坚实的健康支撑，充分发挥专业引领作用，促进全区医疗服务水平提升，广西医学科学院·广西壮族自治区人民医院率先在鼻、眼、乳腺等方面的学科进行主动健康实践探索，并组织编写主动健康系列丛书，包括《眼主动健康》《鼻主动健康》《乳腺主动健康》《睡眠主动健康》《运动主动健康》《营养主动健康》《中医主动健康》《心理主动健康》等八个分册，分别介绍了眼、鼻、乳腺、睡眠、运动、营养、中医、心理等方面的学科在主动健康领域的理论研究与实践应用，内容丰富、条理明晰，兼具实用性与操作性。丛书以大量的科技文献资料、医学研究和临床试验为基础，融合眼科学、鼻科学、乳腺学、睡眠医学、运动学、营养学、中医学、心理学等诸多学科内容，全面、科学地提供针对性的健康指导，为新时代主动健康管理注入新活力，对于形成可复制、可推广的广西主动健康标准，为全区乃至全国各医疗机构建设主动健康服务体系提供丰富的经验和生动的实践案例，具有重要的指导意义。

征程万里风正劲，重任千钧再奋蹄。为增进人民健康福祉，主动健康研究任重而道远。丛书全体编委耗时数月、反复锤炼，以尺寸之功积千秋之利，最终编写完成这套指导性强、实用性佳的丛书。丛书凝聚着医院全体卫生健康人的拳拳初心，如有不足之处请广大卫生健康同仁及时指正。愿全体卫生健康人共同努力、奋楫笃行，在发展卫生健康新质生产力、推进卫生健康事业高质量发展的道路上继续乘风破浪、行稳致远。

广西医学科学院·广西壮族自治区人民医院

前　言

在探索健康管理的道路上，运动主动健康在预防医学与健康促进中处于核心地位。"主动健康系列丛书"之《运动主动健康》一书汇集古代运动理念与现代研究的交融成果，系统地展现主动运动对维护和提升个体健康状态的深远意义。

本书共分为五章，涉及理论探讨到实际应用等方面内容。第一章概述运动健康的现代发展及其重要性，并阐述运动主动健康的概念。第二章细致剖析运动主动健康服务体系的建设要点，描绘出一幅科学运动管理的蓝图。在随后三章中展开描述运动主动健康在人体各个生理系统中的应用，充实运动主动健康新型技术的应用，进一步强调运动在健康促进中的作用，并对运动主动健康的相关研究进行总结与展望。

在日益倡导个性化治疗的今天，本书提供一个综合性的视角，旨在指导读者主动改善自身健康。本书的编撰，基于对现代生活方式由动转静带来的种种健康挑战的深刻理解，并以实现全民健康为终极目标，规划出科学、实用、系统的运动健康管理方略。

通过本书，我们期望塑造一个集预防、干预与健康促进于一体的运动主动健康模式，为追求优质健康生活的每一个人提供明晰的指引。

目　录

第一章

运动健康概述

本章通过审视运动健康观念的现代发展脉络，探究运动主动健康理念的形成，深入剖析运动主动健康的核心意蕴与应用价值，为建构运动主动健康体系提供理论依据。

第一节 运动健康的现代发展

一、运动健康观念

跨入21世纪，随着经济社会的不断发展和综合国力的不断提升，中国特色社会主义进入新时代，我国社会主要矛盾已经转化为人民日益增长的美好生活需要和不平衡不充分的发展之间的矛盾。原有的健康观念已无法适应时代发展的要求。党的十八大以来，习近平总书记多次强调，"体育是提高人民健康水平的重要途径，是满足人民群众对美好生活向往、促进人的全面发展的重要手段"。人的全面发展是指人的劳动能力，即人的体力和智力得到全面、和谐、充分的发展，还包括人的道德发展。因此，探索适应现代社会需求的健康新理念，以及发展相关的体育运动对提高生命质量和生活质量具有重要意义。

党的十八届五中全会审议通过了《中共中央关于制定国民经济和社会发展第十三个五年规划的建议》，提出"推广全民健身，增强人民体质"，并首次提出"推进健康中国建设"。2016年8月26日，习近平总书记主持召开中共中央政治局会议，审议通过《"健康中国2030"规划纲要》，其中，将"提高全民身体素质""积极发展健身休闲运动产业"作为健康中国建设的重要内容，明确提出要完善全民健身公共服务体系、广泛开展全民健身运动、加强体医融合和非医疗健康干预、促进重点人群体育活动。2020年10月，党的十九届五中全会通过的《中共中央关于制定国民经济和社会发展第十四个五年规划和二〇三五年远景目标的建议》，对今后"全面推进健康中国建设"作出了明确部署，并提出"完善全民健身公共服务体系"的具体要求。综上所述，党中央在推进健康中国建设中将体育摆在了重要发展的战略位置上，充分凸显了体育事业对于推进健康中国建设的功能和作用，指明了中国体育事业未来发展的战略走向，也体现了体育事业将要承担的社会责任。

生命在于运动，体育锻炼是促进人体健康发展的积极有效的手段和重要方法。习近平总书记指出："体育是提高人民健康水平的重要手段，也是实现中国梦的重要内容，能为中华民族伟大复兴提供凝心聚气的强大精神力量。"科学研究证明，运动能促进人体的健康成长；运动能增强人体对疾病的抵抗能力，提高人体的健康水平，延长人的寿命；运动可以培养良好的道德品质和塑造健康的人格；运动可以缓解生活、工作、学习压力并提高效率。

"运动是良医"项目（Exercise is Medicine）的新理念已经在全世界范围内推广使用，即采用科学的运动测试和运动处方，指导人们增加体力活动和适当运动，有效地预防和治疗慢性病。世界卫生组织已经明确提出："体力活动和运动是预防和治疗慢性非传染性疾病的低成本有效策略。"也就是说，要把重点放在预防慢性病上。因此，运动不仅能增强人的身体素质，更重要的是提高人体的健康水平，此所谓"上医治未病"。

健康是人民群众关注的永恒主题。"健康第一"是竞争时代的需要、社会发展的需要，也是我国现实国情的需要。树立"健康第一"的理念，将对人类发展、社会进步乃至我国在新时代的改革与发展产生深远影响。"大健康"和"健康中国"理念的提出，是我国应对经济社会转型、国民健康需求升级与全球发展趋势的战略选择。"健康中国"理念是以现阶段我国居民健康水平的实际情况为依据，针对现阶段我国人民普遍存在的健康问题作出的全面部署，以期解决影响人民群众身体健康的相关问题，通过开展广泛的健身活动促进全国人民健康水平的提升，实现从传统意义上的"以治病为中心"向"以健康为中心"的理念转变。

二、推动全民健身与全民健康深度融合

推动全民健身与全民健康深度融合是以习近平同志为核心的党中央为提高人

民健康水平而推出的重要举措，构成了习近平总书记关于健康中国建设重要论述的核心要义。如何推动全民健身与全民健康深度融合，达到人的身心、人与社会健康促进的状态，从而实现"大健康""健康中国"目标？应从以下三个方面进行把握。

（一）深化体教融合发展，促进青少年身心健康全面发展

体育运动不仅能强身健体，更能培养良好的生活习惯，同时还对促进人的心理健康、提高心理素质及适应社会能力具有积极作用。习近平总书记强调，培养德智体美劳全面发展的社会主义建设者和接班人"要坚持健康第一的教育理念，加强学校体育工作，推动青少年文化学习和体育锻炼协调发展，帮助学生在体育锻炼中享受乐趣、增强体质、健全人格、锻炼意志"。体育作为教育的重要手段和内容，应充分重视其在教育中的重要作用。尤其在以体育智、以体育心、以体育德方面，我们要推动体育与教育在价值、功能和目标上的深度融合，夯实体育在促进青少年身心全面发展中的基础性作用。

（二）推动体养融合，促进老年人身心健康全面发展

习近平总书记强调："体育是提高人民健康水平的重要途径，是满足人民群众对美好生活向往、促进人的全面发展的重要手段。"习近平总书记十分关注老年人的健康问题，指出要"为老年人提供连续的健康管理服务和医疗服务"，为此，我们应充分发挥体育促进老年人健康的重要作用，不断推动体养融合。我们要将体育与养老结合起来，不仅可以通过体育锻炼防治老年疾病，增强老年人免疫力，从而形成健康科学的生活方式，提高老年人健康水平，还能通过体育锻炼调节情绪，改善精神状态，促进老年人社会关系的和谐，提高老年人社会适应能力，从而促进老年人身心全面健康发展。我们要充分发挥体育在促进老年人健康方面的关键作用，积极推动体育与养老深度融合。

（三）加强体医深度融合，促进人的全面健康

习近平总书记强调，要保障人民健康，从"以治病为中心"转变为"以人民健康为中心"，促进人民全面健康，可以从加强体医融合入手。《"健康中国2030"规划纲要》指出，"加强体医融合和非医疗健康干预""推动形成体医结合

的疾病管理与健康服务模式，发挥全民科学健身在健康促进、慢性病预防和康复等方面的积极作用"。体医融合可以将运动促进健康和医疗干预、恢复、保障健康的优势相结合，从而全方位、全生命周期地促进人的身体健康。同时，体医融合可以广泛普及健身知识、运动医学、医疗保健、康复医学、科学健身新理念等众多促进个人全面发展的科学知识，引导人们将体育健身、拥有健康体魄、养成良好生活习惯作为个人发展的必要途径，进而促进人的全面健康。

第二节　运动健康的重要性

一、运动健康与整体健康的关系

健康是人生幸福的基础，然而我国国民体质状况却不容乐观。影响健康的因素非常复杂，我国在 20 世纪 90 年代初期，疾病已经明显表现出从感染性疾病向慢性病发展的趋势，而引发高血压病、高脂血症、糖尿病、肥胖症等多数慢性病的主要因素是不良生活习惯。随着我国经济的高速发展，机械自动化的普及降低了体力劳动强度，社会经济基础的提高增加了日常生活方式的方便程度，生活资料的丰富改变了饮食结构，但同时也带来了运动量不足和营养过剩等问题，其结果是慢性病群体的扩大。

根据我国 1979 年、1985 年、1991 年、1995 年四次全国大规模的 7 ~ 22 岁城乡男女学生体质健康调研结果，我国 7 ~ 22 岁学生的耐力素质普遍下降，呼吸机能（肺活量）也普遍下降，其中大学生下降的幅度最大。有关研究还表明，我国 56 ~ 59 岁男性人群中，高血压病和糖尿病患者的占比分别为 6.8% 和 1.4%。近 4 年来，中国中青年的死亡率是老年人死亡率的 3 倍。根据对 10 万多成年人的抽样调查，中国人的各项生理机能指标和身体素质退化的年龄均比发达国家早。需要注意的是，我们应该把运动不足、偏食、生活压力大等因素造成的健康问题，与人们常说的"生病"区分开来。在积极预防、治疗疾病的同时，配合采取各种强有力的健康策略，主动参与体育活动，提高维持健康的能力，以减轻家庭、社会和国家的压力。

（一）健康的含义

世界卫生组织认为："健康是一种在身体上、精神上的完美状态，以及良好的适应力，而不仅仅是没有疾病和衰弱的状态。"由此可见，对于健康的判断应从两方面来考虑，一是看人是否有病；二是看人保持健康的能力如何。比如说有的人在医学检查中未发现任何疾病和异常现象，但环境稍有异常变化，或受到什么刺激，或遇到致病因素，就很容易出现健康问题；而另一种人则不然，他们可以很快适应环境的变化，积极应对刺激和抵御致病因素，这是一种理想的健康状态。也就是说，表面上看来都是健康的人，保持健康的能力却是不一样的。这种保持健康的能力是健康的关键所在，是健康的积极方面。

（二）健康与体育运动

健康促进是一项系统工程，它要通过各层次各种干预策略和手段，提高人们的健康知识水平与认识水平，让人们知道不健康行为的危害，自觉、自愿地去改变不健康的行为，达到保护和促进人群健康的目的。体育锻炼不仅能强健身体、增强体质，还具有完善身体、发展身体、修炼人生、健康心灵、健全人格、提高社会适应能力等功能，其重要价值还在于改善人的生活方式、生命活力、心理品格，使人的本质力量得到体现，不仅从身体上，也从精神上、社会适应上达到人的健全、健康状态。据预测，我国在21世纪中叶将面临人口老龄化、脑力劳动比例增加和非传染病广泛流行三大健康问题，这些问题必然牵涉到如何发挥体育的健康促进作用。体育运动对健康促进有得天独厚的优势，它具有的作用集中反映在以下4个方面。

1. 体育运动可以全面增强人体的整体机能

从健康学角度来看，如何使人体作为一个整体，从上至下协调统一地得到机能上的锻炼或增强？这是人类健康需要解决的问题。然而，迄今为止还没有任何一种保健品、任何一种药物具备这种整体性的功能，唯有体育运动是最佳手段。人体运动时，总是作为一个有机统一的整体进行活动。任何体育运动，不仅是运动器官在活动，而是心血管、呼吸、能量代谢、内分泌、感觉系统以至全身各组织器官都会发生相应的机能适应性变化，在神经系统的统一指挥下相互协调配合进行运动。因此，就人这一生物体而言，体育促进人的低级功能对高级功能的纵向服从和横向协调，它作用于人体而产生良好的健康效应。由于现代化生产方式和劳动结构的变化，脑力劳动的构成比例逐渐扩大，这虽减轻了人体劳动强度和身体疲劳，但也带来了精神的高度紧张和身体代谢率的下降。神经高度紧张，而身体活动和能耗却大幅降低，久而久之，身体易出现废用性肌肉萎缩、骨质疏松、心力衰竭、新陈代谢下降、肥胖等健康问题。根据运动生理学原理，人体从事不同形式的工作会产生不同性质的疲劳，而不同性质的疲劳需要不同形式的休息。在极大的体力疲劳后，足够的睡眠和一定的卧床休息是必要的，但脑力或精神疲劳后，所需要的则是能够促进代谢加强的一些变换方式的体育活动，有意识地增加体力消耗，以达到锻炼身体、增强体力、焕发精神的目的，这被称为"积极性休息"。通过有规律地重复这一过程，人体就能形成生理适应，从而提高工作能力并增强整体机能。这种整体健康促进效果是任何医学治疗、保健手段及营养补品所无法企及的。

2. **体育运动可以调节人的生物功能与社会功能**

心理健康是人体健康的重要组成部分。体育运动会使人产生显著的心理变化。研究表明，进行强度适宜的体育运动，有助于通过各种感觉的信息输入提高唤醒水平，使人精神振奋、消除疲劳、摆脱烦恼，对精神不振、心情低落的人具有显著的调节作用。经常参与体育运动，能锻炼人的意志，增强心理韧性，并具有减轻心理应激反应及缓解紧张情绪的作用。通过群体的体育活动，可增加人与人之间的接触，增加社会交往，愉悦身心，有效缓解孤独感和人际关系障碍，并从中获得满足感。体育运动能陶冶心灵、稳定情绪、缓解身心紧张、消除焦虑状态，控制"A型行为"，促进心理健康。对于心理疾病患者，体育运动则有治疗作用。研究证实，活跃的心理状态、积极乐观的生活信念、稳定的心理情绪是人们健康长寿的必要条件，也是社会文明进步的基础。因此，体育运动是调节人的生物功能与社会功能的纽带，也是促进心理健康的重要手段。

3. **体育运动可以推动人的现代化与可持续发展**

人是社会现代化活动的实际承担者，人的现代化是人的生物性、社会性及附属于两者之间的意识（心理）与未来社会发展趋势相一致的立体转化。在众多促进人的现代化的因素中，最重要的一个因素就是教育，而体育是全面教育的重要组成部分，在促进人的现代化过程中发挥着重要作用。一方面，健康强壮的身体是人们适应现代化社会生活的物质基础；另一方面，现代人要求新的社会生活，追求文明、健康、科学的生活方式。在现代社会，人们的生产方式、生活方式都发生了巨大的变化，而这一变化使人们对体育运动的需求增加了，这或许就是当代世界性的体育繁荣发展的内在缘由。有研究表明，人们的日常生活方式对身体健康的影响远远超过所有药物的影响。社会生活科学化为体育发展创造了优越的物质和精神条件，不仅为人们提供充分地参与体育活动的条件，而且使人们认识到体育的积极意义。科学技术直接渗透到体育中，使其发展日益多样化，能满足各类人群的需要。因此，体育的重要价值还在于它能改善人们的生活方式，并贯穿于整个生活方式中，起着调节作用。

4. 体育运动具有不可替代性

体育运动对促进健康有着不可替代的积极意义。体育运动最大的作用就是使全民健康起来，完善自身发展，提升生命品质。当前需要的是将体育运动付诸实践，只有人们参与体育活动的意识得到强化，其参与体育活动的行为才能趋于主动，才能自觉地选择适合自己的、健康的、科学的、安全的体育锻炼手段和方法，人们才能真正认识到体育运动在现代生活中的重要性。

二、运动健康对社会的影响

近年来，全球慢性病发病率呈逐年上升的趋势。世界卫生组织于 2015 年发布的《2014 年全球非传染性疾病现状报告》指出，2012 年，全球共有 3800 万人死于慢性病，其中有 42% 的慢性病患者是可以避免过早死亡的。我国慢性病发病率也呈逐年上升趋势，仅 2015 年，死于慢性病的人数占全国总死亡人数的 86.6%，这是一个庞大的数字，因此，采取一些措施来降低慢性病发生率和死亡率是当前医学界的重要课题。

当今社会越来越多的人患慢性病，常见的慢性病有糖尿病、高血压病、高脂血症等，它们正在威胁着人类的健康。体育运动能有效干预和控制血压、降低血糖和血脂，从而降低患心脑血管疾病的风险，在降低常见慢性病的发病率方面发挥着重要作用。

运动有助于改善多种生理过程，包括心血管健康、血糖控制、体重管理、骨骼健康和免疫系统功能，从而降低患常见慢性病的风险。定期锻炼和保持积极的运动生活方式是预防这些疾病的重要措施。

通过主动参与运动和保持健康，个体对社会的影响是多方面的，包括减轻医疗负担、提高生产力等。这些积极的影响有助于形成更健康、更具活力和更有凝聚力的社会。

总的来说，运动健康不仅有益于个体，还对社会产生广泛的积极影响，包括提高生活质量、降低医疗成本、促进社交互动和文化塑造等方面。因此，鼓励和支持人们积极参与体育运动和锻炼活动是社会健康福祉的一个重要方面。

第二章

运动主动健康服务体系的构建

运动主动健康服务体系的建构旨在提供一个全面的架构，以推进定制科学的运动处方和个体健康管理模式。

第一节　运动主动健康概述

一、运动主动健康的概念

早在两千多年前，《吕氏春秋》中提出的"流水不腐，户枢不蠹"的观点，就蕴含着"动以养生"的思想。华佗创立的"五禽戏"则通过模仿动物的动作来达到畅通气血、舒缓筋骨、活化血脉、平息凶戾及缓和急躁情绪的目的。这些思想和方法的提出，充分体现了运动在保持健康方面的重要作用。

《国务院关于实施健康中国行动的意见》（国发〔2019〕13 号）明确指出，加快推动从"以治病为中心"转变为"以人民健康为中心"，实施健康中国行动，标志着主动健康将成为我国未来健康保障体系的重要组成部分。主动健康是通过对人体主动施加可控刺激，增加人体微观复杂度，促进人体多样化适应，从而实现人体机能增强或慢性病逆转的医学模式。主动健康是强调充分发挥人的主观能动性，以改善健康行为为主，采取各种医学手段对人的行为进行主动干预，促使人体自身产生适应性变化，从而改善健康状况，提高身体机能，预防和治疗疾病，维持人体健康状态的实践活动和知识体系。

运动主动健康是在充分重视个体主观能动性的整体健康观指导下的健康医学。运动主动健康的方法论认为治疗疾病和运动训练的机理一样，都是通过对人体施加可控的刺激（训练），主动打破人体低层平衡态，激发人体微观系统产生自组织行为，促使人体宏观结构产生适应性变化，逆转疾病状态或提高人体机能。《"健康中国 2030"规划纲要》着重强调了"主动发现""科学评估""积极调整""促进健康"等主动健康理念。

因此，运动主动健康可以概括为一种通过主动对人体健康进行干预，改善健康行为，提高人体机能，预防和控制疾病的医学模式。它强调个性化、量力性、循序渐进性和安全性原则，通过科学的运动锻炼，改善身体机能，预防和控制慢性病，提高生活质量。

二、运动主动健康服务体系的概念

运动主动健康服务是采用运动医学和现代管理学的理论、技术、方法和手段，对个体或群体整体健康状况及其影响运动健康的危险因素进行全面监测、评估、有效干预与连续跟踪服务的医学行为和过程。

运动主动健康服务体系通过监测个体的运动数据和健康指标，及时发现潜在健康风险，并采取相应的预防措施和康复管理，有助于减少疾病的发生和发展。运动主动健康服务体系依托主动健康技术，连续、动态采集运动健康信息，组建健康大数据队列，构建全方位、全人群、全生命周期的危险因素控制、行为干预、疾病管理和健康服务的技术与产业支撑体系。运动主动健康是强调个人是健康的第一责任人，以信息学和生物组学等新技术为支撑，推行运动健康生活方式，有效监测和干预运动健康危险因素，促进全民运动健康管理的新模式。

运动主动健康服务旨在通过提供积极主动的运动医学干预和指导，为民众制订个性化的运动处方，通过科学的运动指导，帮助个体在体育运动中提高身体的耐力、力量、灵活性和协调能力，增强身体素质和机能。同时，借助数字技术在医疗健康领域的融合延伸，推动运动主动健康服务逐渐向智慧化转型。

不过，运动虽可提高个人身体素质，但并不等于良药，不当的运动训练可能导致运动损伤或超过身体耐受度，引发与运动相关的疾病等。因此，如何避免运动带来的风险显得尤为重要，要科学制订运动处方，规范运动动作要点，遵循"量力而行、循序渐进、持之以恒"的原则，以有氧训练为主。

运动主动健康服务体系通过先进的科技手段，如大数据、人工智能、智能设备等，打造更加智能化、便捷化的健康管理服务，提供更高效、便捷、精准的服务。基于数字技术与运动主动健康共同落地的健康管理模式已初具医疗价值，有望取得良好的社会效益和经济效益。数字技术和运动主动健康服务体系的深度融合，现已成为运动康复学界研究的新领域。通过借鉴发达国家运动主动健康服务体系数字化管理的经验总结及数字技术在该服务体系的具体实践，依托其在运动主动健康服务体系赛道的运营经验，提供了一个创新、有效的院外患者运动健康管理解决方案，实现了低成本、高效率、大规模的患者管理。通过全人群、全生命周期个性化制订主动运动处方，同时监测相关指标浮动并调节运动量，聚焦做好服务端数字化供给，通过提供极致的可感知、有温度的数字化服务，形成个性化主动运动的方案，高效、精准的院外患者运动健康管理方案亟待进一步构建。

三、运动主动健康服务体系在主动健康服务体系中的作用

党的十八大以来，习近平总书记多次在不同场合强调要充分认识体育对提高人民健康水平的积极意义，落实全民健身国家战略，普及全民健身运动，推进健康中国建设。运动主动健康服务体系在主动健康服务体系中扮演着重要角色。运动是主动健康的重要组成部分，通过积极的身体活动，可以提高身体素质和免疫力，有助于预防和控制多种慢性病。在主动健康服务体系中，运动主动健康服务体系主要发挥以下五个方面的作用。

（一）健康筛查和评估

在运动主动健康服务体系中，健康筛查和评估是非常重要的环节。在统一仪器、统一方案、统一方法、统一培训的前提下，可以建立大数据平台，结合医学健康体检和健康体适能测评的数据，挖掘其科研价值。例如，通过对心肺耐力、身体成分、肌肉力量、柔韧性等与健康相关的身体素质测试指标的测评，可以进一步了解个体的健康状况，从而制订针对性的运动处方。接受运动处方者可以在健康体检中心接受针对性运动指导，也可以在一些商业健身中心按照运动处方进行锻炼。这种模式将医学体检、体适能检测与检后运动干预结合起来，真正实现了体育和运动医学相结合的健康管理。在健康筛查方面，可以通过问卷调查、体格检查、血液检测等方法来收集个体的基本信息和健康状况。这些信息有助于评估个体的健康风险并制订相应的运动干预方案。此外，特殊生物标志物也可以用于进一步评估个体的健康状况和疾病风险。这些生物标志物可以反映个体的生理和病理状态，对于疾病的预防、诊断和治疗具有重要意义。

（二）运动处方

运动是主动健康的重要组成部分。将运动与医学有机结合，以预防和控制慢性病低龄化和高发病率。由于个体在年龄、性别、身体状况等方面存在差异，所需运动频率、强度、时间、方式、运动总量等也有所不同。为了充分发挥运动在防治疾病中的优势，降低运动风险和运动损伤造成的危害，推动形成体医融合的疾病管理与健康服务模式，发挥全民科学健身在健康促进、慢性病预防和康复等方面的积极作用，运动处方的普及与推广有着至关重要的作用。国务院发布的《健康中国行动（2019—2030年）》中提出了"实施全民健身行动""生命在于运动，运动需要科学""为不同人群提供针对性的运动健身方案或运动指导服务""推动形成体医结合的疾病管理和健康服务模式"等指导意见。根据专家共识，运动处方是由经过运动处方技术培训合格的人员，依据处方对象的基本健康信息、体力活动水平、医学检查与诊断、运动风险筛查、运动试验等结果，按照规范的运动方式，科学规定运动频率、强度、时间、周运动总量、进阶及注意事项，形成局部和整体相结合、近期目标和远期目标相结合的个性化主动运动指导方案，旨在促进个体健康和防治疾病。根据运动目的、应用范围和服务对象的不同，运动处方可分为健身运动处方和医疗运动处方两类。健身运动处方以健康人群和慢性病风险人群为主要服务对象；医疗运动处方以慢性病人群、运动损伤人群和围手术期人群为主要服务对象。

运动处方不仅关注运动各要素的数量，更注重运动的质量和功能，通过主动运动和主动健康的方式，提升整体功能。其目标是实现"运动处方功能化"，即通过个性化的运动干预方案，使患者最大程度地恢复运动功能，提高生活质量。运动处方将功能至上的医学理念贯穿于治疗过程中，以患者的功能恢复为导向，追求治疗效果的最大化，同时注重治疗时间的最短化和康复过程的最快化。运动处方技术作为其中的一部分，可通过调整和提升心肺耐力、肌肉力量、关节柔韧性、核心稳定性等，帮助患者改善和恢复运动能力，保持并提升正常的运动功能。

（三）运动指导和监督

在制订个性化运动干预方案后，需要有专业的运动指导员或医生为个体提供具体的运动指导和监督，确保个体能够正确地进行运动，避免运动损伤，同时根据个体的反馈和表现进行调整和优化。《健康中国行动（2019—2030年）》提出了"鼓励医疗机构提供运动促进健康的指导服务"，从顶层设计的角度高度认可运动作为非医疗健康干预的价值，并呼吁开设运动指导门诊。运动指导和监督能够最大程度确保运动安全，其核心目的是确保个体在运动过程中避免受伤。通过监督个体的运动过程，运动指导员可以及时发现并纠正不正确的动作或姿势，以防止因错误的运动方式导致损伤。此外，他们还可以根据个体的身体状况和运动能力，调整运动强度和频率，以避免过度训练和由此引发的损伤。运动指导和监督不仅关注个体的运动安全，也关注个体运动效果的提升。专业的运动指导员或医生可以根据个体的具体情况，制订个性化的运动计划，以满足个体的特定需求。通过监督个体的运动过程，运动指导员可以确保个体按照规定的强度、频率和时间进行运动，从而达到预期的运动效果。运动指导和监督还着眼于培养个体的自律性和自我管理能力。通过长期、持续的监督和指导，个体可以逐渐养成良好的运动习惯，并学会自我调整和优化运动计划。这不仅有助于个体提高运动效果，也有助于其保持健康的生活方式。在运动主动健康服务体系中，运动指导和监督是实现个性化治疗的关键环节之一。个性化治疗可以根据个体的具体情况制订特定的治疗方案，以最大限度地提高治疗效果。通过运动指导和监督，医生可以更准确地了解个体的身体状况、运动能力和需求，从而制订更符合个体需求的运动处方。

（四）运动健康管理

主动参与体育运动是健康生活方式的最佳体现，而运动也需要科学的管理方法。运动健康管理是根据个人提供的健康状况、生活状态和运动习惯，进行身体适能评估、运动咨询和沟通，了解其运动需求与目标，为其制订专属的运动处方。该管理方法可提供安全、有效、合理的运动计划，以实际教学方式进行指导，配合成效追踪的全方位健康服务。运动健康管理旨在帮助个人提升体能及身体机能，从而达到运动健身与身体健康相统一的目的。为每个个体建立并持续维护详细的专属运动健康档案，该档案应包含基本的个人信息，例如性别、年龄、身高和体重等。同时，还应记录各种身体指标的监测数据，如血压、脉搏和肺活量等。此外，家族病史、个人疾病史、生活习惯、营养状况和运动状况也应纳入档案中。此档案应详细记录运动产生的各项数据，例如运动步数、有效运动时间和运动距离等。

运动主动健康服务体系应该建立专业的健康管理团队，包括医生、运动康复师、护士、营养师、康复管理师等。健康管理团队应该具备专业的知识和技能，团队成员共同协作以提供全面的健康管理和运动指导。健康管理团队根据个体的身体状况和健康需求，制订明确的管理目标和计划。这些目标和计划应该包括运动处方、营养计划、治疗和康复方案等，以确保个体能够获得全面、有效的健康管理和支持。健康管理团队应该监测和管理个体的风险因素，例如高血压、高血糖、肥胖等。通过定期监测和评估个体的风险因素，可以及时发现和处理健康问题，并采取相应的干预措施，以降低患慢性病的风险，减轻运动损伤。健康管理团队应该定期评估个体的健康状况和管理效果，包括评估个体的身体状况、健康变化、生活质量等，以确定管理方案的有效性和可持续性，并根据评估结果调整管理方案。健康管理团队根据个体的身体状况和健康需求，提供个性化的健康教育和宣传，包括针对个体的饮食、运动、生活习惯等方面的教育和宣传，以增强个体的健康意识和自我管理能力。同时，健康管理团队应该有效地沟通和协调，确保团队成员之间能够及时交流个体的身体状况和健康变化，并根据个体的情况调整管理方案。

（五）运动健康教育

如何树立大卫生、大健康的观念，把"以治病为中心"转变为"以人民健康为中心"，有效推进健康治理，不断提升人民健康水平，已成为我国亟待解决的重大问题。现实告诉我们，加强健康教育是落实"健康第一"理念的最佳路径。《"健康中国2030"规划纲要》系统性部署了主动健康管理的教育与服务体系，鼓励积极开展主动健康管理服务。健康教育对促进国人健康素养的提高有着重要作用，但目前健康教育在教育一线严重缺失。要增强个体的健康意识和自我管理能力，就要建立健全健康教育体系。

要实现运动主动健康的目标，首先，需要推动协同管理体制的建立，以强化行政管理效果。这种体制要求政府、社会组织、企业及个人之间建立紧密的合作关系，共同促进公众的身心健康。其次，需要构建良好的政策环境，强化政策对全民健身路径的保护作用。政府应该制定和完善相关法律法规，明确公众的健身权利和健身路径的保护范围，并加强对违规占用或破坏健身路径行为的监管和处罚力度。同时，政府和社会组织还应该提供必要的政策和资源支持，鼓励和引导公众积极参与运动主动健康活动，增强全民健身的意识，促进全民健身。再次，要推广和普及运动主动健康的理念，可以通过课程、讲座、工作坊、媒体宣传、社交网络等形式，向公众传授健康知识，包括疾病预防、合理饮食、适量运动等方面的知识，使公众认识到保持身体健康的重要性。最后，为了更好地满足公众对运动主动健康的需求，我们需要加快培养一支多元化的运动指导人才队伍。这支队伍应该具备专业的运动知识和技能，能够为不同年龄、不同体质和不同健康需求的公众提供个性化的运动指导。通过培养和引进各种类型的运动指导人才，包括体育教练、健身教练、健康顾问等，可以提高运动指导的专业性和针对性，以满足公众多样化的健康需求。

总之，运动主动健康服务体系在构建主动健康体系中具有重要的作用。通过积极推动运动主动健康服务体系的发展，可以帮助更多人实现健康目标，提高生活质量，促进全民健康水平的提升。

第二节　运动主动健康服务体系的内容

一、指导思想

中共中央、国务院于 2016 年 10 月印发了《"健康中国 2030"规划纲要》，提出了健康中国建设的目标和任务。在建设健康中国的大背景下，尽可能调动人民群众积极参与运动主动健康，管理人民群众的运动健康，建立完善的运动主动健康服务体系，形成专家共识，行动实践尤为重要。持续推进健康中国战略、运动主动健康服务体系建设，满足人民群众运动主动健康的需求意义重大。保障全生命周期人民健康是实现"健康中国 2030"宏伟目标的核心措施。人民健康彰显民族昌盛和国家富强，预防是最经济、最有效的健康策略，预防的核心是强调个人是健康的第一责任人，通过主动管理运动、饮食、心理等，充分调动自身的积极性，培养以维护健康为主要目标的健康理念。

要准确把握主动健康医学新发展阶段，深入贯彻新发展理念，主动融入新发展格局，切实担当新发展使命，坚持稳中求进工作总基调，以推动运动主动健康高质量发展为主题，以深化主动健康侧结构——数字技术和运动主动健康服务体系的深度契合为主线，以科技创新为根本动力，以满足人民日益增长的健康需要为根本目的，紧扣率先实现健康／亚健康人群与慢性病人群同步化发展战略任务，立足特色化，统筹科技创新和平稳推进，加快建设运动主动健康服务体系，推进主动运动健康化和智慧化，实现主动运动行稳致远、健康和谐，确保健康中国建设新征程开好局、起好步。

总体来说，运动主动健康服务体系的指导思想是以个体为中心，通过个性化、全方位的服务，促进个体积极参与运动，关注身心健康，提高生活质量。同时，借助科技手段和社会化互动，使运动健康服务更加精准、智能、便捷，为个体创造更加健康、愉悦的运动体验。

二、具体内容

运动主动健康的指导思想强调促进健康管理服务均等化，重视个体的主观能动性，强调国民健康保障体系的整体协调，以及全方位干预健康问题和影响因素，旨在提升全民健康素养和促进体医融合，其内容主要涵盖以下六个方面。

（一）个性化服务

运动主动健康服务体系旨在为不同个体提供个性化的运动健康服务，根据个人的健康状况、运动需求和目标制订相应的计划，提供相应的指导。通过科学的数据分析和个性化的运动健康管理，满足个体多样化的运动需求。

（二）全方位健康管理

运动主动健康服务体系将运动与健康管理相结合，不仅关注运动的技术指导，也注重个体的健康数据监测、疾病预防和康复管理。通过建立健康档案，多维度地监测个体的身体状况，及时发现问题并提供相应的服务和支持。

（三）智能化技术支持

运动主动健康服务体系借助生物识别、大数据和人工智能等先进科技手段，实现对个体运动数据和健康指标的实时监测与分析。通过智能设备、App 等工具，

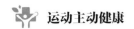

为个体提供友好的健康管理和运动指导，增强个体对健康的自我管理能力。

（四）社会化互动交流

运动主动健康服务体系强调通过建立运动社交平台及组织线下活动等方式，鼓励个体之间的互动和交流，分享运动心得，相互支持和激励。营造积极的运动氛围，增强个体的参与感和归属感。

（五）整合资源和服务

运动主动健康服务体系整合医疗、康复、保健等相关资源，为个体提供一站式的健康问题解决方案，并与专业机构和团队合作，为个体提供全方位、专业化的服务与支持。

（六）激励和奖励

运动主动健康服务体系采取积分、勋章、奖励等激励措施，鼓励个体保持良好的运动习惯，提高个体的积极性和参与度。

三、基本原则

坚持全方位、全人群、全生命周期三位一体的主动健康管理模式，坚持主动运动与临床相结合、个体与群体相结合、体育与医疗相融合的原则，把运动主动健康服务体系建设作为重大民生事业纳入总体规划，在各级区域卫生健康事业规划中占据重要地位。持续加大支持和建设力度，力争在 2030 年建成以运动主动健康服务体系为主体，基层医疗卫生机构为基础，综合医院、专科医院及相关科研教学机构为支撑，运动主动健康与临床相结合，覆盖全人群的运动主动健康服务体系。

运动主动健康服务体系的基本原则共同构成了运动主动健康服务体系的核心，即通过提升个人健康素养、促进自主自律的运动生活方式、早期干预健康问题及广泛的社会参与，实现全民健康水平的提升和健康生活方式的普及。

（一）自主性和选择性

运动主动健康服务体系应尊重个体的自主意愿和选择权，提供个性化的健康服务，鼓励个体积极参与运动。这意味着个体有权决定自己参与何种类型的运动，以及运动的频率和强度。运动主动健康服务体系应该提供信息和教育，帮助个体做出明智的选择，但最终决定权应归个体所有。这样能够增强个体的自主性和积极性，有助于个体更好地投入运动。

（二）科学性和有效性

运动主动健康服务体系应基于科学研究和证据，提供有效的健康服务和指导，确保运动的科学性和有效性。

1. 科学性

科学性体现在运动方式的选择、运动强度的设定、运动频率和时长的安排、运动过程中的监测和调整，以及运动计划的及时调整，确保运动的科学性。

2. 有效性

有效性体现在健康目标的设定、运动效果的评估、结合个体特点定制运动方案，与其他相关领域（如医学、营养学、心理学等）的专业人员进行跨学科合作，提供全面、综合的运动健康管理，确保运动的有效性。

（三）平等性和公平性

运动主动健康服务体系强调平等和公平，意味着每个人都享有平等获得健康服务的机会，不受性别、年龄、种族、经济状况、身份地位等因素的影响。

在追求运动主动健康的过程中，如果个体能够平等地获得健康资源、机会和条件，那么健康结果也将更加公平。社会成员的健康状况不因身份地位和经济状况等因素而出现不公平的差异。平等性和公平性是紧密相连的，二者不仅注重于个体在追求健康过程中的平等和公平，还能增加个体参与的主动性。

1. 遵循无歧视原则

运动主动健康服务体系应遵循无歧视原则，确保所有人都能够平等地获得服务，不受性别、年龄、种族、宗教、文化背景、经济状况、身份地位等因素的限制。

2. 提高运动普及率

运动主动健康服务体系应致力降低运动的门槛，让更多人能够参与到运动中来。这包括提供多样化、适合不同人群的运动项目和活动，以及提供便捷、实惠

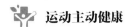

的运动场地和设施。

对于特殊人群（如老年人、残障人士、孕妇等），运动主动健康服务体系应提供针对性的运动指导和安全保障，确保他们也能享受到运动的益处。

3. 开展教育培训

运动主动健康服务体系应积极开展普及运动知识、技能和健康素养的教育培训，提高人们的运动意识和能力，使更多人能够享受到运动的益处。

4. 承担社会责任

相关机构和专业人员在提供主动运动服务时，应承担社会责任，关注弱势群体和特殊人群的需求，提供针对性的运动指导和安全保障，确保他们也能享受到运动带来的益处。相关机构和专业人员要积极参与公共体育事业，推动全社会健康事业的发展。

（四）可持续性

运动主动健康服务体系应注重长期性和可持续性，为个体持续提供健康服务和健康管理，促进整体健康水平的提升。

运动主动健康的可持续性需要个体在多个方面做出努力。通过养成运动习惯、选择多样化的运动方式、保持适度的运动强度等途径，逐步建立起稳定而持久的运动健康模式。这种可持续性不仅有助于个体保持和提升身体健康水平，还有助于提高生活质量、延长寿命，享受更加美好的人生。

1. 养成运动习惯

通过培养运动习惯，个体可以逐渐将运动融入日常生活，从而提高运动的可持续性。养成运动习惯的方法有制订明确的运动计划、设定可实现的运动目标、保持运动的规律性及逐步提高运动强度。

2. 选择适合的运动方式

个体应根据自身兴趣、身体状况和运动需求选择适合的运动方式。适合的运动方式有助于提高运动的乐趣和满意度，从而增强运动的可持续性。

3. 进行联合运动

与他人一起运动可以增加运动乐趣，提高运动的可持续性。个体可以寻找志同道合的运动伙伴，或参加运动团体和活动，以保持运动的积极性。

4. 调整运动计划

为确保运动过程中的安全性和舒适性，个体应根据身体状况和运动进展调整运动计划。在运动过程中，适当降低运动强度、增加运动种类或调整运动时间，有助于避免运动损伤，保持运动的可持续性。

5. 关注运动效果

个体应关注运动过程中的身体变化和运动效果，以增强运动的动力。定期进行体检，了解运动对健康的影响，可以提高个体对运动的信心和积极性。

6. 营造运动氛围

通过普及运动知识、举办体育活动、提倡健康的生活方式等途径，营造运动氛围，有助于提高主动运动的可持续性。

7. 制定政策和制度

政府、企事业单位和社会组织应制定政策和制度，鼓励和支持人们积极参与运动。例如，提供免费或优惠的运动场地、设施和服务，实施健康促进政策，开展全民健身活动等。

8. 构建多元化服务体系

运动主动健康服务体系应提供多元化的健康服务，包括运动锻炼、营养补充、心理健康等综合性健康管理。

构建多元化的运动主动健康服务体系，提供多元化的健康服务，以不同健康状况及不同需求的个体，从而更加全面地满足个体的健康需求，促进运动主动健康的可持续发展。

（1）提供多样化的运动项目。

运动主动健康服务体系应涵盖多种运动项目，包括有氧运动、力量训练、柔韧性训练、平衡训练等。这样可以为个体提供更多选择，满足不同人群的运动需求。

（2）关注心理健康。

运动主动健康服务体系应关注个体的心理健康，提供心理辅导和心理训练等服务。这将有助于提高个体在运动过程中的愉悦感和成就感，增强运动的可持续性。

（3）营养指导。

运动主动健康服务体系应提供营养指导，帮助个体制订合理的膳食计划，以

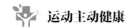

确保运动过程中的能量摄入和营养平衡。

（4）康复训练。

针对患有疾病或损伤的个体，运动主动健康服务体系应提供专业的康复训练指导，协助其恢复身体健康。

（5）传统运动与现代运动相结合。

在运动主动健康服务体系中，可以将传统运动（如太极拳、八段锦等）与现代运动（如健身、跑步、瑜伽等）相结合，为个体提供更多元化的运动选择。

（6）个性化定制。

运动主动健康服务体系应根据个体的身体状况、运动需求和健康目标，提供个性化的运动计划和健康指导。

（7）跨学科合作。

运动主动健康服务体系应与其他相关领域（如医学、心理学、营养学等）的专业人员合作，提供全面、综合的运动健康管理服务。

9. 保障运动安全

运动主动健康服务体系应重视运动的安全性，保障个体在运动过程中的安全和健康。运动主动健康服务体系应通过科学评估、个性化指导、专业监督、安全教育、环境设施安全、数字化工具辅助及应急处理与救援机制等多方面的措施，确保个体在运动过程中的安全和健康。为了确保安全性，应做到以下八点。

（1）提供必要的安全指导和培训，包括如何保持正确的运动姿势、如何选择和使用适当的运动装备及如何预防运动受伤。

（2）确保运动场地和设施符合安全标准，定期检查和维护设备，保证其处于良好状态。

（3）提供紧急救援设施和人员，以应对运动过程中可能发生的紧急状况，并为个体提供及时的救助和护理。

（4）鼓励个体在运动前进行全面的健康评估，了解其体能状况和潜在的风险，从而合理规划运动方案。

（5）提供个性化的运动指导和训练，确保个体的运动计划和强度符合其身体状况和健康目标。

（6）提供心理健康支持，关注个体在运动中可能存在的压力和焦虑，帮助其保持健康的心态和情绪。

（7）鼓励个体遵守相关的运动规则和流程，养成良好的运动习惯，降低受伤风险。

（8）提供专业的营养指导与保障，确保个体在运动过程中能够获得足够的营养和水分，以维持身体的良好状态。

第三节　运动主动健康服务体系的构建任务和具体目标

随着生活方式疾病（如心脏病、糖尿病和部分癌症等）的患病率日益攀升，主动运动逐渐成为公共卫生政策的核心内容，这种趋势与社会对于健康生活方式的日益重视密切相关。构建一个有效的运动主动健康服务体系，不仅可以提升个体健康水平，也是实现社会和谐与经济可持续发展的关键。

一、工作任务

为响应习近平总书记关于"从源头上预防和控制重大疾病，实现从以治病为中心转向以健康为中心"的重要指示精神，构建运动主动健康服务体系显得尤为迫切。该体系的目标是实现健康中国，推动人民从被动的疾病治疗模式转向主动的健康管理模式。

（一）体系的概念

运动主动健康服务体系是一个多层次、多元化、综合性的服务体系，旨在通过一系列服务和干预措施，促进个体和群体健康。这一体系并非提供单一服务，而是一个涵盖健康教育、体育活动、营养咨询、医疗服务等多方面协同合作的复杂体系。其核心在于通过采取以个体运动为主的预防和干预措施，提高个体的生活质量，减少公共健康问题。

该体系构建的理论基础结合了公共卫生、体育运动和行为科学等领域的核心理念，强调在群体和个体层面推广主动运动的生活方式。如世界卫生组织所强调的"健康促进"理念，便是建设运动主动健康服务体系的理论支撑。

运动主动健康服务体系的构建应基于社会和个人的需求，要平衡供需关系，不断调整和提升服务质量。运动主动健康服务体系以人群需求为导向，结合不同社会群体、不同年龄段和个人的身体状况，提供量身定制的服务。例如，新加坡体育理事会提出的 ActiveSG 计划，就是以民众的运动健康需求为核心，旨在鼓励新加坡居民参与各种体育活动，为居民提供包括健康检查、运动课程、营养指导和健身设施预约等在内的一系列服务，是一个典型的综合服务模式的成功案例。

（二）工作任务的确定与实施

1. 政策层面

在政策层面，政府需要制定并实施有关促进主动运动的国家标准与地方规章，并将其纳入公共卫生政策和城乡发展规划中。这包括根据不同人群的需要，提供相应的运动项目和健康指导，以及设立必要的公共体育设施。人民健康是民族昌盛和国家富强的重要标志。党的十八大以来，以习近平同志为核心的党中央坚持把人民健康放在优先发展的战略地位，将"健康中国"上升为国家战略，大力推进"以治病为中心"向"以人民健康为中心"转变。地方各级政府和相关机构应制定政策，整合辖区内医疗资源等社会资源，以支持和促进主动运动。

以广西壮族自治区为例，"探索构建主动健康服务体系"在 2022 年和 2023 年连续两年被写入政府工作报告中，"倡导'主动健康'概念"也被写入《广西卫生健康发展"十四五"规划》。其中，重点强调了运动主动健康的重要性，计划持续提高全区人均体育场地面积，评选全民运动健身模范市（县、区），来提高区内民众运动参与度。

2. 社会层面

社会的任务包括提高社会公众对于主动运动重要性的认识，增强个人参与运动的动机，并通过社区组织、学校教育等途径，普及运动健康知识，鼓励公众采取健康的生活方式。运动主动健康服务体系在社会层面的构建涵盖了多重任务，包括但不限于以下几个方面的工作。

首先，社会层面需要制订并推广健康方案，以支持和鼓励人们主动运动及养成健康的生活方式。

其次，对于主动运动和健康生活方式的倡导应通过健康教育和宣传来加以强化。从学校课程到社区活动，都可以提供有关健康和运动的信息，从而逐步提高社会各界对主动运动及其益处的认识。

再次，媒体和社会公众人物的参与也是增强这一认知的关键因素。在促进主动运动的基础设施建设上，社会层面需要建立多样化的场所和设施，以确保人们可以方便地进行各种形式的运动。这不仅需要政府的支持和资源投入，同时也需要与相关产业和社区组织密切合作，以实现设施的全面覆盖和可持续维护。

最后，提供经济支持和激励措施也是社会层面的一项重要任务。鼓励个人和家庭积极参与主动运动和健康活动，经济支持和激励措施在激发个人和社会各界的积极性方面具有不可忽视的作用。新加坡政府在 2014 年推出的 ActiveSG 计划中规定，新加坡公民和永久居民只要报名该计划，个人的 ActiveSG 账户就能获得政府存入的 100 元现金积分。

3. 技术层面

技术层面的工作任务涉及信息技术的运用，如通过互联网、App 等手段，提供个性化的健康管理服务。同时，利用大数据分析帮助政府与服务机构更精准地了解民众的需求，优化资源配置。例如，开发集运动追踪、健康数据管理和在线咨询于一体的"主动健康"App，这个 App 使用数据分析来个性化推荐运动计划，并根据用户反馈优化计划内容。

4. 服务层面

服务层面的完善需要覆盖主动运动的全过程，从运动前的个人健康评估到运动后的营养补充指导，再到运动伤害的预防和康复治疗，确保服务内容的完整性和连贯性。以英国的"健康城市"计划为例，提供从体育设施的建设、健身课程的开设到运动损伤的预防和康复等一条龙服务，构成了覆盖全民的运动健康服务网。应实施五级健康管理中心服务，以医院为依托，根据医院的等级及能力进行分级管理，对其中运动健康管理部门的人员、场地、设施、设备进行配置，并明确其负责区域内的运动主动健康宣传及管理任务，目标是面向区域内的人民群众提供健康科普、运动监控、运动建议、运动指导等运动主动健康服务。

5. 评估与监测

建立和完善服务体系的评估标准和监测机制，对服务体系的运行效果进行定期评估，确保各项服务能够达到预期目标，并及时调整服务内容和方式。

二、构建的具体目标

构建运动主动健康服务体系的目标是多层面的，旨在从个体到社会逐步引导全民养成科学运动习惯，增强体质，降低慢性病患病风险，最终提升社会整体健康水平。

（一）提升公众运动主动健康意识

让广大人民群众认识到运动主动健康的重要性，并将其作为日常生活的一部分。可以通过公共媒体宣传、流媒体信息推送、健康教育课程及在公共场所和工作场所举办的咨询会等多种方式实现，目标是提升公众对健康和健康维护的重要性的认识，让更多人认识到主动运动的益处，使他们更积极地参与个人健康管理。鼓励公众改变不良习惯，采取更健康的生活方式，包括加强体育锻炼、控制体重、避免长时间久坐等，还包括预防慢性病、改善情绪、增强体能、预防运动损伤等。

1. 普及科学运动知识

通过邀请运动行业领域的专业人员举办讲座、工作坊、研讨会、在线课程等多种教育途径，教授科学的运动方法，帮助人民群众建立健康的运动习惯，减少运动可能造成的损伤风险。

例如，各地的公共图书馆、健身中心或社区卫生站可以定期组织开展专家讲座和研讨会，邀请专业运动科学领域的专家为公众普及科学的运动知识。这些讲座可以涵盖不同主题，比如如何有效锻炼、如何预防运动伤害、如何养成合理的饮食与运动习惯等。通过现场演示和互动，公众可以更加直观地了解并接受科学的运动知识。

此外，还可以借助社交媒体平台及应用软件开展健康科普活动。专业的健身教练或医学专家可以发表关于运动科学的博客或微博、微信推文，以及制作相关的科普视频等。一些应用程序如 Keep、My Fitness Pal 等通过提供科学的运动知识，例如正确的锻炼姿势、适宜的运动强度和频率等内容，为个体提供运动支持。在流媒体平台方面，抖音、快手、Netflix 等平台包含了越来越多的健康和健身内容。专业的健身教练及运动医学相关医务人员可以在这些平台上发布科学的与运动知识相关的视频，诸如健身训练指南、运动科学解说等。通过这些渠道，公众可以便捷地获取科学的运动知识，比如正确的健身姿势、运动后的恢复方法等，从而增强运动主动健康意识。

另外，在学校课程中，可以设置专门的健康教育模块，涵盖科学的运动知识。学校可以邀请运动医学专家进行专业、系统地讲解，引导学生了解正确的运动方式，培养正确的运动观念，帮助他们在学生时期就树立起科学的运动观念，在读书、上网、娱乐和健身之间找到平衡。

通过以上手段，可以增强公众运动主动健康意识、减少运动受伤风险、提高运动效果、预防生活习惯相关疾病的发生和发展。

2. 提高运动参与率

通过创造吸引人的、易于参与的运动机会以提高运动参与率。政府与社区组织可以合作，提供免费或低成本的运动课程，修建公园和步行道，改善城市设计，使之更加适合步行和自行车通行。在政策层面加强科学运动知识的推广，比如设立健康日或运动日，积极举办各类体育比赛，并以此来激励国民参与科学运动活动，力争达到全民参与运动的局面，助力健康中国建设。

3. 提供全面的运动主动健康服务

全面的运动主动健康服务需要包括运动前的身体评估、个性化训练计划、营养建议和运动后的恢复。这些服务通常涉及运动医学专家、营养师和物理治疗师的多学科协作。强化体育教育专业人员、医疗保健服务提供者、心理健康工作者和社会工作者之间的协作关系，建立有效的沟通和协作机制，确保各专业人员之间的交流与合作。定期组织会议、讨论和培训，分享最新的研究成果和治疗方法，制订共同的运动主动健康指导方针。

建立统一的数据共享和分析平台，使各专业人员可以共享个体的运动和健康数据，方便各专业人员从中获取有关个体的综合信息。通过共享个体的健康信息和评估结果，借助大数据算法制订科学的运动方案，综合考虑身体条件、健康目标和个性化需求，各专业人员可以根据自己的领域知识和经验提供相应的建议与支持，共同为人民群众提供一个完整的健康生活支持系统。

4. 改善体育设施和环境

在城市规划中考虑不同场所的多功能性，如在公园设置户外健身器材、篮球场、足球场等，以提供多样化的运动选择。根据社区需求和人口密度，增加体育设施的数量，包括建设更多的运动场馆、游泳池、健身房等，以解决人们参加体育运动时场地不足的问题。同时，对现有的体育设施进行维护和修缮，确保设施的安全性和功能完整性，并根据需要进行更新、改造，以适应不同类型的体育活动和满足不同人群的需求。确保体育设施对于残障人士也是开放和友好的，包括设置无障碍通道、无障碍设施等，让所有人都能方便地参与体育活动。此外，还需确保体育设施周围的安全环境，采取必要的安全保护措施，保障参与者的安全和健康。

5. 建立有效的评估与反馈机制

建立有效的评估与反馈机制，是确保运动主动健康服务体系持续改进和满足个体需求的关键。建立该机制的步骤和考虑事项如下：①确定评估的长期目标和短期目标，包括提升使用者满意度、增加运动主动健康服务的覆盖率、降低运动损伤发生率、改善健康成果等。②建立评估标准，设立明确的、可量化的指标来衡量运动主动健康服务的效果，指标可能包括参与度、活动频率、健康指标改善情况等。③设计反馈渠道，为个体提供多种反馈渠道，如调查问卷、App 内反馈、直接咨询等。④进行数据收集与分析，通过可穿戴设备、App 等收集个体使用服务的数据，运用统计方法和数据分析工具识别趋势、问题和成功案例。⑤个体满意度调查，定期进行满意度调查来量化个体对服务的感知，这些调查应覆盖服务的各个方面，如服务体验感等，并定期进行服务效果评估，包括内部审计和外部专家评估。⑥构建实时反馈系统，利用人工智能技术建立实时反馈系统，如智能健康监测设备即时反馈个体的健康数据，融入医院等医疗机构信息，及时根据医疗检查、诊断结果更新运动建议、指导。⑦培训和动员人员，定期对提供运动主动健康服务的人员进行培训，使他们能够理解评估与反馈的重要性，并积极参与其中，在组织内部推动以数据为驱动的决策制定，鼓励持续性的自我评价和改进。⑧调整与优化服务，基于评估结果和个体反馈对服务进行必要调整，优化服务流程和内容。⑨注重伦理与合规性，遵守相关法律法规，确保评估和反馈的收集遵循伦理规范和数据保护政策，保护个体的隐私权。

6. 发展个性化健康服务

利用移动健康应用和可穿戴设备收集的数据，开发个性化运动方案和进度跟踪，帮助公众达成健康目标。发展个性化健康服务是应对日益增长的健康意识和多样化健康需求的一种有效做法。首先评估并理解不同个体、群体的健康需求。通过问卷调查、健康数据分析等方式，了解他们的年龄、性别、职业、生活方式等信息，以及他们对健康服务的期望和需求。基于需求评估的结果，设计定制的健康方案。这些方案可能包括饮食计划、运动计划、体重管理、压力管理等，以及针对特定疾病的预防计划。利用数据分析来指导个性化服务的调整。通过追踪健康指标和生活习惯的数据，例如，通过智能设备收集的步数、心率、睡眠质量等，精准调整个性化健康计划。运用移动健康应用、在线咨询、远程医疗等技术提高服务效率和质量。结合人工智能（如 AI 健康助手）和机器学习算法对大数据进行分析，进一步细化和优化个人健康服务。构建一个由营养师、运动教练、医生、心理学家等组成的专业团队，他们可以针对个人情况给出专业的健康建议。与个体的持续互动对于保持和提升个性化服务至关重要，可定期发送健康建议、提醒和鼓励信息，并根据个体反馈来调整健康方案。

为个体提供足够的知识和工具，使其能够理解并参与个性化健康计划。通过教育个体如何使用各种工具与资源来跟踪和改善他们的健康行为。在收集和分析个体的健康数据时，严格遵守数据保护的法律法规，保护个体隐私。

广西医学科学院·广西壮族自治区人民医院首创的"3+1+2"主动健康信息平台体系包括三大数据库，即门诊数据库、住院数据库和体检数据库；一大数据中心，即综合健康医疗大数据中心；两大平台，分别是多学科健康管理平台和主动健康管理平台。该体系提供数据资源共享和统一技术平台支撑，打破普遍存在的"信息孤岛"，极大增强各部门之间医疗信息数据资源的流动性；通过与居民互动的健康信息化平台，以医疗信息为基础，结合大数据对居民进行科普、运动建议及运动指导等精准推送，以提高居民运动主动健康等知识的知晓率与行动转化率，延长居民寿命，提高全民幸福指数。

（二）构建五级运动主动健康中心

以广西为例，依托五级主动健康中心，构建五级运动主动健康中心涉及创建一个层次分明、功能互补的服务体系，可仿照现有的五级（自治区–市–县–镇–村）医疗机构体系，将健康中心划分为不同级别的专业中心，以有效提供从基本到专业的主动健康服务，并依托各级主动健康中心设立运动主动健康中心。

1. 一级运动主动健康中心：自治区级运动主动健康中心

（1）任务与功能。

①成为新技术、新方法的引进者和研发者，提供顶尖的健康服务，包括先进的康复设施和运动表现监测系统。②开展与健康相关的科研活动和高端人才培养工作。③承担一定的教育和培训任务，对二级运动主动健康中心工作人员进行定期培训。④负责数据收集、反馈。定期接收二级运动主动健康中心数据，并进行质控。

（2）资源与配置。

①构建高水平的运动设施和康复中心。②汇聚顶级的运动健康专家团队和科研人员。

（3）覆盖范围与服务对象。

覆盖全自治区，提供专业级水平的服务，接待高水平运动员、专业人士及需要特殊照顾的患者。

2. 二级运动主动健康中心：市级运动主动健康中心

（1）任务与功能。

①提供全面的基本公共卫生服务、疾病诊治、健康教育及运动康复与健身指导服务。②承担对三级运动主动健康中心的技术指导和监督，定期对三级运动主动健康中心工作人员进行培训。③负责数据收集、反馈。定期将辖区内居民数据上传至一级运动主动健康中心，定期接收三级运动主动健康中心数据，并进行质控。

（2）资源与配置。

①有完备的医疗设备和综合运动设施。②配备有专科医生、护士、社区卫生人员和运动指导员。

（3）覆盖范围与服务对象。

覆盖一个市的居民，为一级运动主动健康中心提供支持和资源共享。

3. 三级运动主动健康中心：县（市、区）级运动主动健康中心

（1）任务与功能。

①提供包括预防保健、疾病治疗和专业运动健康指导等在内的基础医疗服务。同时，通过健康教育等方式为群众普及健康知识。②承担一定的教育和培训任务，定期对四级运动主动健康中心工作人员进行培训。③负责数据收集、反

馈。定期将辖区内居民数据上传至二级运动主动健康中心，定期接收四级运动主动健康中心数据，并进行质控。

（2）资源与配置。

①配备有基本的医疗设备和较专业的运动设施，且配备有一些基础的医疗和运动设施。②配备有医护人员和运动指导人员。

（3）覆盖范围与服务对象。

覆盖一个县（市、区）的居民，为二级运动主动健康中心提供支持和资源共享。

4.四级运动主动健康中心：镇（乡）级运动主动健康中心

（1）任务与功能。

①通过健康教育等方式提升群众的健康知识水平，提供基本医疗服务和基本的运动健康指导，以及开展基本健康教育推广活动。②承担一定的教育和培训任务，定期对五级运动主动健康中心工作人员进行培训。③负责数据收集、反馈。定期将辖区内居民数据上传至三级运动主动健康中心，定期接收五级运动主动健康中心数据，并进行质控。

（2）资源与配置。

①配备有基础医疗和运动设施，包括疾病诊治所需的基本医疗设备，如健步道、体适能器材等。②配备有基本的医护人员和运动指导人员。

（3）覆盖范围与服务对象。

覆盖一个镇（乡）的居民，为三级运动主动健康中心提供支持和资源共享。

5.五级运动主动健康中心：村级运动主动健康中心

（1）任务与功能。

①提供日常体育活动和基础健身指导。②开展基础的健康教育和健康促进活动。③对居民的健康状况进行基本评估和监测。④定期向四级运动主动健康中心上传数据。

（2）资源与配置。

①配备基本的人员，主要包括基层医生和护士，可能还有一名运动指导员。提供基础的运动咨询和指导服务。②配备有基本的医疗设备和简单的运动设施。③使用社区空间和公园作为活动场所。

（3）覆盖范围与服务对象。

覆盖一个村的居民，服务周边社区、村民，特别是儿童、老年人及其他特殊群体。

6. 总结

五个级别的运动主动健康中心要形成有效的资源共享和信息流通机制。通过跨级别的政策制定和协调，确保每个层级服务功能的互补和发展。为每个居民建立终身健康档案，在五个级别的健康中心之间共享，以便为居民提供持续和协调的健康管理。通过上述构建和联动，可以建成一个健全、有效、全面覆盖的运动主动健康服务体系，满足从基础到高端的健康服务需求。

第四节 运动主动健康服务体系的建设措施

通过建设完善的运动主动健康服务体系，可以为用户提供全方位、个性化的健康服务，促进人们积极参与运动，提高整体健康水平和生活质量。

一、推动个人健康档案管理

在运动主动健康服务体系的建设中，个人健康档案管理是一个关键的组成部分。它涵盖了个人健康史、体检记录和运动习惯等内容，旨在让用户更方便地查看和管理个人健康信息。

个人健康档案是一个综合性的信息存储系统，旨在追踪和记录个人的健康状况和健康行为。首先，个人健康史记录了个人的疾病史、手术史、过敏史及长期服药情况等重要信息。这些信息对于用户了解自己的健康历史至关重要，并且为专业医生和康复治疗师提供重要的参考依据，有助于为用户提供更加全面和个性化的运动健康服务。

其次，个人健康档案还包括体检记录，其中包含血压、血糖、血脂等生理指标的测量结果。这些记录的定期更新可以帮助用户清晰地了解自己身体状况的变化趋势，并及时发现潜在的健康问题。通过这种方式，用户可以更好地与医生合作，共同制订个性化的运动健康管理计划，预防疾病的发生和发展。

最后，个人健康档案还包括运动习惯。用户可以记录自己的运动频率、持续时间和运动方式等数据。这个功能可以帮助用户了解自己的运动习惯，并鼓励他们更加注重身体活动。通过健康平台提供的数据和分析，用户可以得到有针对性的运动建议，确保他们获得足够的运动量和适当的锻炼方式，改善体质并促进身体健康。

个人健康档案管理系统为用户提供了一个便捷、安全且私密的平台，以管理和维护个人健康信息。用户可以随时访问和更新自己的档案，掌握自己的健康动态。此外，这些信息还可以与医生、健康教练和健康专家共享，以获得更全面和个性化的建议与指导。

广西医学科学院·广西壮族自治区人民医院首创的"3+1+2"主动健康信息平台，打通了门诊、住院、体检和穿戴设备之间的壁垒。通过主动健康信息平台的个人健康档案管理，用户能够更有效地追踪和管理自己的健康信息，做出更明智的健康决策，增强个人的健康意识和健康素养，并推动更为全面和积极的个人健康管理。

二、制订个性化运动方案

在以人为中心的运动主动健康体系建设中，应着重为用户提供高度专业化的运动方案和建议，确保他们能够根据自身状况和需求进行有效运动，在达到运动效果的同时避免运动损伤。

"3+1+2"主动健康信息平台将收集和分析用户的个人健康信息，包括年龄、体重、身高、活动水平和病史等关键数据，并基于这些信息制订个性化的运动方案。

首先，应该考虑用户的健康状况和目标。例如，对于那些希望减重的用户，设计专门的减脂运动方案，其中包括有氧运动和力量训练等，同时结合病史等健康数据，筛选出适合的运动类型及频率以帮助他们实现减重目标。

此外，还应根据用户的个人喜好和兴趣来制订运动方案。如果用户能够参与他们真正热爱的运动，他们会更有动力参与其中，并能够长久坚持，如跑步、游泳、瑜伽和动感单车等。用户可以根据个人喜好进行选择，并依据专业人员的建议，制订适合自己的运动计划。

除了运动类型，还应该提供关于运动频率、时长和强度的专业指导。根据用户的身体状况和目标，专业人员会给出合适的运动频率建议，如每周运动几次、每次多长时间。此外，还需提供运动强度的建议，以确保用户在安全范围内进行运动，避免受伤或过度训练。

通过提供个性化的运动方案和专业建议，可以帮助用户更好地规划和执行运动计划。这样，他们可以最大程度地享受健康益处，并达到自身的健康目标。通过这种个性化的方式，用户将更有动力和乐趣参与运动，实现持久的健康生活。

三、实施运动数据监测

在构建以用户为中心的运动主动健康服务体系时，第三个关键方面是通过"3+1+2"主动健康信息平台实施运动数据监测。这方面至关重要，可以帮助个体追踪和监测他们的运动、健康指标等数据，实时了解自己的运动表现和身体健康状况，并进行相应的调整和改进。

通过全面的运动数据监测，用户可以更好地了解自己的运动情况，并得到相应的指导和激励。通过持续的数据跟踪和分析，用户可以更有效地管理自己的运动计划，并取得持久的健康成果。

为了实现这一目标，"3+1+2"主动健康信息平台应整合易于使用的运动数据、健康数据的跟踪工具，让个体能方便地记录他们的运动活动和健康指标数据，如运动手表、动态血压监测手表、动态血糖监测仪等便携式穿戴设备。监测用户的运动数据，如步数、心率、睡眠情况等，为用户提供更全面的健康状况数据。用户可以记录每次运动的类型、持续时间、距离、强度，以及消耗的卡路里、血压、血糖等信息。这些数据会自动记录并存储，用户可以随时查看和分析，同时"3+1+2"主动健康信息平台应实时分析和反馈数据，对超量和不达标运动进行提醒，对异常健康指标进行预警并提供就医建议。

除了基本的数据记录，"3+1+2"主动健康信息平台还将提供深入全面的数据分析功能。根据用户的数据，"3+1+2"主动健康信息平台将生成详细的运动报告和统计数据，以帮助用户了解自己的运动趋势和进展。报告内容应包括运动频率、平均速度、卡路里消耗和心率变化等重要指标。通过数据分析，用户可以更好地了解自己的运动水平和效果，并有针对性地进行调整和改进。

为了使运动数据监测更有趣和更具激励性，"3+1+2"主动健康信息平台还可提供社交互动和挑战活动。用户可以与其他用户分享自己的运动数据和运动效果，与朋友和家人一起比较运动情况。此外，"3+1+2"主动健康信息平台还应定期组织各种挑战活动，如步数挑战和跑步比赛等，以鼓励用户之间的竞争和合作，提高用户对运动的积极性和参与度。

四、挖掘健康教育资源

建设运动主动健康服务体系时，挖掘健康教育资源是至关重要的一部分。健康教育可以帮助个体获取健康知识、培养健康行为和促进积极的生活方式，其具体内容包括：（1）提供运动知识普及，传授关于不同类型运动的基本知识、训练方法、运动安全注意事项及如何逐步增加运动强度的建议；（2）向用户普及关于慢性病的风险因素、预防措施和早期症状的知识，帮助他们通过主动运动的方式预防和管理慢性病；（3）向用户传授如何管理时间、设定目标、建立健康习惯、应对挑战及保持持续性，以促进健康习惯的长期坚持；（4）开发和推广健康教育的数字化资源，如健康 App、在线课程、健康博客等，为用户提供便捷的信息获取途径，同时组织线下健康教育讲座、研讨会、健康展览等活动，提供互动机会和实践经验，增强用户对健康的认知和运动的积极性。

五、构建互动交流平台

建立社交互动和分享的平台，促进用户之间进行交流和分享经验，同时增加用户之间的互动和参与动力，促使他们更加积极地参与运动。

六、提供专业咨询和指导

建立专业的健康咨询服务团队，包括医生、营养师、运动教练等专业人员。用户可以通过电话、即时通信工具、在线平台等方式向专业人员咨询健康问题、获取运动方面的建议。

通过分析用户的运动数据和健康指标，运动主动健康服务体系可以对用户的健康状况进行评估和解读。专业人员可以根据分析结果，向用户提供有针对性的健康建议和指导，为用户制订个性化的健康管理计划。对用户的运动和饮食进行评估，并制订相应的健康管理计划。这些计划可以涉及运动计划、饮食指导、生活方式调整等方面，以提高用户的运动知识水平和运动技能，并帮助他们更好地进行健康运动。

同时建立紧急救援和应急支持机制，用户在运动过程中遇到紧急情况或健康问题时，可以通过运动主动健康服务体系提供的紧急救援服务和专业人员的支持，及时得到救治和处理。

七、定期生成健康报告

根据用户的运动和医疗健康数据，定期生成健康报告，分析用户的健康状况和运动效果。健康报告可以帮助用户更好地了解自己的健康状况，为用户运动方案设定提供数据支持，为医疗决策提供依据，方便健康管理人员向用户提供个性化的健康建议和指导，促进健康管理，预防疾病的发生。

八、提供活动预约和参与信息

建立一个集中管理和发布运动与健身活动信息的平台，包括各种运动项目、健身课程、健身小组及公共运动场地的信息。平台可以提供详细的活动介绍、时间安排、地点等，方便用户浏览和选择适合自己的活动，并预约参与时间。通过系统分析用户的运动数据和健康指标，该平台可以向用户提供活动建议，帮助用户选择适合自己的运动项目，并在参与过程中提供实时的指导和监督。

第三章

运动主动健康在人体
各个系统中的应用

本章聚焦运动主动健康在不同生理系统中的应用，概述运动健康在心血管、神经、骨骼及肌肉等系统中的功效，并引入稳健的证据支持各项论断，从细胞到生理系统，显现主动运动施行后的系统级影响，强调运动主动健康在维持和改善人体整体健康状态中所起到的作用。

第一节 运动主动健康在心血管系统中的应用

现代社会心血管疾病患病率逐年增加，心血管疾病在中国居民的全因死亡构成中占主要地位。而体力活动不足是心血管疾病的独立危险因素，规律的运动可有效降低心血管疾病的发病率和死亡率。研究表明，久坐模式或低心肺功能与健康状况有重大关系。每天坐位时间小于 3 小时、看电视的时间低于 2 小时可分别延长预期寿命 2 岁和 1.4 岁。体力活动水平与心血管疾病死亡率和全因死亡率成反比。少量的体力活动较无体力活动有益，15 分钟的日常活动仍可降低全因死亡率和冠心病患病率。迄今为止，运动对心血管保护作用的机制尚未完全明确，但目前的研究表明其保护作用是多方面的。

运动时心输出量增加，血流量重新分配，心脏和肌肉的血流量增加。经常运动可促使人体心血管系统的形态、机能和调节能力产生良好的适应性，提高人体工作能力，表现为窦性心动过缓、运动性心脏肥大、心血管机能改善（每搏输出量增加，冠状动脉供血良好）。

运动可以预防和治疗高血压病，延缓动脉粥样硬化的进展，增加冠状动脉的储备，在冠心病的康复中有重要意义。以前对心功能不全患者主张绝对卧床休息，近年研究表明，除急性期外，一般情况下适当地进行运动可使患者体能及症状改善。运动疗法也能提高心血管疾病患者的生活质量和存活率。

一、运动对心血管系统的影响

人体运动时，循环功能的主要变化是心输出量的增加，各组织器官的血流量重新分配，特别是骨骼肌的血流量迅速增加，以满足其代谢增强时的能量供给。心脏具有一定的储备力，有氧运动可增强这种能力，即增大心肌力量，进而增加心输出量，从而提高人体活动能力。心脏储备力增加意味着心脏工作的效率高且节约能量，心脏每次收缩后有一个较长时间的舒张期，可使心脏得到充分休息，有效防止心脏过度疲劳，形成一种自然防御机制，具体表现为以下两个方面。

1. 中心效应

（1）维持或增加心肌氧的供应。

运动可以预防和延缓冠状动脉粥样硬化的进展，并且能增加冠状动脉侧支循环，增加冠状动脉直径，从而改善心肌的血液灌注和分布。

（2）减少心肌氧耗量。

运动训练能降低运动时的心率、收缩压和平均动脉压，使心脏做功减少；另外，运动训练还可降低循环血液中儿茶酚胺的浓度，使心脏的耗氧量下降。

（3）增强心肌功能。

运动可增加休息和运动时的每搏输出量、射血分数，增强心肌收缩力，其原因是后负荷降低和生理性心肌肥大。

（4）增加心肌电稳定性。

运动训练有助于减轻运动时心肌的局部缺血，降低安静和运动时血浆儿茶酚胺的水平，从而提高心室颤动的阈值。

2. 周围效应

（1）骨骼肌功能增强。

运动训练后骨骼肌内线粒体数量和体积增加，有氧代谢酶活性提高，同时肌动蛋白及肌糖原含量增加。

（2）血管储备力增强。

运动训练可使肌肉内毛细血管数量增加，运动后血管舒张功能增强，血管内皮可产生内皮舒张因子，参与心血管功能的调节；另外，运动后血管对缩血管物质的反应性减弱，从而使心脏负荷降低、心功能改善。

（3）其他。

运动可以改善糖代谢，增加胰岛素的敏感性，减少血小板聚集，增加纤溶酶活性，减轻肥胖，从而增强抗动脉粥样硬化的能力，降低动脉粥样硬化的风险；另外，运动可缓解患者的紧张情绪。

二、运动对冠心病的影响和干预策略

冠心病是一种常见的心血管疾病，严重影响患者的生活质量和健康，尤其需要引起我们的重视。而运动作为一种非药物治疗手段，在冠心病患者康复中具有重要作用。

（一）影响机制

冠心病是冠状动脉血管发生动脉粥样硬化病变而引起血管管腔狭窄或阻塞，造成心肌缺血、缺氧或坏死而导致的心脏病。传统康复理念认为患者若出现心绞痛或心肌梗死，应当以卧床休息为主，但静卧时间过长会使肺通气功能下降，导致坠积性肺炎发生率升高。研究证实，有氧运动可以促进内皮祖细胞和间充质干细胞动员，促进血管新生和内皮修复；降低血 C- 反应蛋白水平，增强机体抗氧化能力；减少糖基化终末产物生成，延缓动脉粥样硬化；降低血羧甲基赖氨酸复合物（CML）的水平，阻止与年龄相关的心肌胶原交联，延缓心肌纤维化，减轻心肌梗死后心肌组织重塑，改善心肌组织顺应性；促进侧支循环生成，以达到提高冠状动脉血流量的目的；提高心肌对缺氧的耐受力，降低心肌损害和潜在致命性心律失常的风险。还可通过降低交感神经活性，减慢心率，增强副交感神经活性、心率变异性和压力感受器的敏感性，降低猝死风险。抗阻运动可以改善心肌缺血，提高基础代谢率，增强骨骼肌力量和耐力，提高运动耐力，帮助患者重返日常生活和工作。

（二）运动处方

根据患者实际情况建立运动处方，主要包括运动强度、运动频率、运动方式、运动时间和传统运动疗法五个方面。

1. 运动强度

为促进患者心血管健康或提升体能水平，推荐至少进行中等强度的有氧运动（如 40% ～ 60% 的峰值摄氧量，接近无氧阈时的心率，40% ～ 60% 的最大心率）。建议患者从 50% 的峰值摄氧量或最大心率开始运动，逐渐达到 80% 的峰值摄氧量或最大心率。Borg 劳累程度分级法推荐达到 11 ～ 13 级，运动低危的患者可以短时间接受 14 ～ 16 级。通常采用心率和自我感知劳累程度来监测运动强度。除持续有氧运动外，间歇性运动训练即患者交替进行高强度和低中强度运动，比持续性运动强度的方法可更快提高身体功能储备，更有效地改善与心血管疾病相关的代谢因素，但需要在心脏康复医师的监测下进行。抗阻运动推荐的初始运动强度，上肢为一次最大负荷量（即在保持正确的方法且没有疲劳感的情况下，仅 1 次重复能举起的最大重量）的 30% ～ 40%，下肢为一次最大负荷量的 50% ～ 60%，通常抗阻运动的最大运动强度不超过一次最大负荷量的 80%。Borg 评分是一个简单实用的评估运动强度的方法，推荐运动强度为 11 ～ 13 级。切记保持运动过程中的正确呼吸方式，举起时呼气，放下时吸气，避免屏气。

2. 运动频率

有氧运动，每周 3 ～ 5 天，最好每周 7 天。抗阻运动，上肢肌群、核心肌群（包括胸部、肩部、上背部、腹部和臀部）和下肢肌群可在不同日期交替训练，每次训练 8 ～ 10 个肌群，每个肌群每次训练 1 ～ 4 组，从 1 组开始循序渐进，每组 10 ～ 15 次，组间休息 2 ～ 3 分钟。老年人可以考虑增加每组重复次数（如 15 ～ 25 次 / 组），并将训练次数减少至 1 ～ 2 组。

3. 运动方式

运动方式主要包括有氧运动、抗阻运动以及柔韧性训练等。常用的有氧运动方式有步行、慢跑、骑自行车、游泳和爬楼梯，以及在器械上完成的步行、踏车和划船等。出院后 1 个月内不建议选择慢跑、骑自行车、爬楼梯和游泳等运动，建议以步行为主。抗阻运动包括静力训练和负重训练等。

徒手运动训练包括俯卧撑、仰卧蹬腿、腿背弯举、仰卧起坐、下背伸展和提踵等；运动器械包括哑铃、多功能组合训练器、握力器、腹力器和弹力带等；自制器械包括不同重量的沙袋和装满水的 500 mL 矿泉水瓶等。运动器械训练容易受场地和经费限制，徒手运动训练、弹力带和自制器械都是同样有效的抗阻运动训练形式，有利于患者在家庭或社区开展运动训练。

柔韧性训练方法：每一部位拉伸时正常呼吸，强度以有被牵拉的感觉同时感觉不到疼痛为宜，每个动作重复 3 ～ 5 次，每周 3 ～ 5 次。神经肌肉训练包括平衡性、灵活性和本体感觉训练。老年人摔倒的危险性增高，建议将神经肌肉训练作为心血管疾病老年患者综合提高体适能和预防摔倒的重要内容。训练形式包括太极拳、蛇形走、单腿站立和直线走等。

4. 运动时间

经历心血管事件的患者进行有氧运动时，建议初始运动时间从 15 分钟开始，包括热身运动和放松运动各 5 分钟，运动训练 5 分 / 次，根据患者的体能水平、运动目的、症状和运动系统的限制情况，每周增加 1 ~ 5 分钟的有氧运动时间。抗阻运动每周应对每个肌群训练 2 ~ 3 次，同一肌群的练习时间应间隔至少 48 小时。柔韧性训练每次 10 分钟。

5. 传统运动疗法

太极拳、八段锦等中国传统健身功法对促进冠心病患者心脏康复的优势明显，不仅能够调心、调息、调形，改善气血运行，调节脏腑功能，而且符合现代提倡的低强度、有氧运动的特点，十分符合冠心病患者的康复运动要求，同时在冠心病高发人群——老年人中推广也有独特的优势。

三、运动对高血压病的影响和干预策略

高血压病是指以体循环动脉血压（收缩压和 / 或舒张压）增高为主要特征（收缩压 ≥ 140 mmHg，舒张压 ≥ 90 mmHg），可伴有心、脑、肾等器官功能或器质性损害的临床综合征。高血压病是最常见的慢性病，也是心脑血管疾病最主要的危险因素。遗传、环境、年龄、生活习惯及精神状态等均可能引发高血压病。临床上，患者以头晕、头痛、胸闷、乏力等为主要症状，部分患者可伴有注意力下降、呕吐、心悸、眩晕等现象。证据表明，高血压是血管内皮的舒张功能和收缩功能不平衡所造成的。高血压是冠心病的主要危险因子，常合并冠心病出现心绞痛、心肌梗死等症状。高血压病早期左室多无肥厚，且收缩功能正常，随病情进展出现左室向心性肥厚，此时其收缩功能仍多属正常。随着高血压性心脏病变和病情加重，可出现心功能不全的症状，诸如心悸、劳力性呼吸困难等。

（一）影响机制

研究显示，运动康复可调整自主神经系统的功能，降低交感神经的兴奋性，提高迷走神经系统张力，降低外周阻力，缓解小动脉痉挛，促进外周血管舒张。

同时，可提高尿钠排泄及心房利钠肽水平，降低胰岛素水平，从而减少血容量，降低血浆去甲肾上腺素水平以调节血压。内皮素是作用于血管平滑肌的缩血管物质，长期运动康复可使血浆内皮素水平降低。运动康复训练期间机体的代谢率会升高，代谢产物聚积会刺激血管舒张，使血流量增加而加快代谢产物的清除，维持内环境的稳态。运动后代谢产物的过度累积会使非运动组织在运动期间收缩的血管继发性舒张，以此增加非运动组织的血流量，使得已经升高的血压明显降低。

（二）运动处方

根据患者实际情况建立运动处方，主要包括运动强度、运动频率、运动方式、运动时间和传统运动疗法五个方面。

1. 运动强度

一般采用最高心率（220－年龄）的 50% ～ 70% 作为运动的适宜心率，停止活动后心率应在 3 ～ 5 分钟内恢复正常。通常情况下，40 岁以下患者心率控制在 140 次/分，50 岁左右患者心率控制在 130 次/分，60 岁以上患者控制在 120次/分以内。研究证实，在每次运动训练中进行中、高强度的交替运动训练，比持续进行一种强度运动训练的降压效果要好，并且有利于减轻动脉硬化的程度。因此，综合考虑运动的效果与风险等因素，高血压病患者的运动处方应以规律性的中等强度的有氧训练为主；对于夜间 MAP 较高的非勺型高血压病患者，可以适当考虑进行中、高强度交替的运动训练，既能降低夜间高血压水平又可以改善动脉硬化的程度。

2. 运动频率

一般每周 3 ～ 5 次，持续 20 周。可根据个人对运动的反应和适应程度，采取每周 3 次或隔日 1 次的频率，亦可采取每周 5 次等不同的间隔周期。研究显示，高血压病患者分别进行不同频率的运动，如每周 3 次或每周 7 次的慢跑运动，运动干预治疗 4 个月后，患者的收缩压及舒张压较运动前有所降低，运动频率高的一组降压效果优于运动频率低的一组。另有研究表明，康复治疗高血压病短期内难以显现疗效，坚持 8 周以上方可达到理想的疗效。

3. 运动方式

主要包括有氧运动、抗阻运动和呼吸锻炼。目前，在运动疗法中，一般以步行、慢跑、骑自行车、游泳和体操等有氧运动作为高血压病患者主要的运动方式。抗阻运动可使用器械、弹力带或自由负重。低强度抗阻运动的训练效果可能优于高强度的抗阻运动训练。因此，抗阻运动配合有氧运动的运动处方，对运动降压的效果优于单独的有氧运动，同时还可以减少抗阻运动的不良反应及危险性。

4. 运动时间

以下午为宜，一般选择 16～17 时，避开体内肾上腺素和去甲肾上腺素的分泌高峰。对非勺型高血压病患者来说，利用 17～19 时进行运动训练可能会得到更佳的降低夜间高血压的效果；而对于仅白天收缩压高的患者来说，利用 6～8 时进行运动训练对于白天收缩压的降压效果更佳；早晚均运动的降压效果可能优于单独时间段运动的降压效果。

5. 传统运动疗法

传统功法如太极拳、八段锦、五禽戏和易筋经等是我国传统医学的重要组成部分，这些功法均属于有氧运动，通过功法的练习和精神的放松，能较好地消除造成血压升高的精神紧张因素，调节大脑皮层的紧张状态，使血管平滑肌放松，血管壁的紧张程度降低，从而降低血压。

第二节　运动主动健康在神经系统中的应用

神经系统是人体最重要的系统之一，它不仅负责人体的感觉、运动、思维和情感，还直接影响个体的生活质量。近年来，运动主动健康在促进和维护神经系统健康方面显示出了显著的潜能和价值。本节旨在探讨运动主动健康在神经系统健康促进和维护中的应用，重点关注运动如何通过不同的机制对神经系统产生积极影响。

一、运动对神经系统的影响

运动可调整脑神经的塑造，运动依赖性的神经突触重塑及海马神经形成与学习和记忆能力的提高密切相关。运动可通过增加神经形成调整海马齿状回的神经重塑，神经重塑在特定的神经成熟过程中进行，此神经重塑过程依赖包含 N- 甲

基 –D– 天冬氨酸受体（N–methyl–D–aspartic acid receptor，NMDA）的 NR2B 的表达。运动所致的长时程抑制是另一种形式的神经重塑。运动还会引起海马齿状回形态学的改变，显著提高颗粒细胞树突的总长度、复杂性及树突棘密度；同时，研究表明连续 2 个月的运动可引起内嗅皮层及海马 CA1 锥体细胞层的结构改变。运动改善齿状回细胞及其他与记忆功能相关成分的形态，同时影响新生颗粒细胞整合至海马环路的速度。

运动不仅可促进海马神经的形成，还在成年海马神经的塑造过程中发挥作用，同时对学习和记忆力的生成具有重要作用。运动可影响神经细胞的增殖、存活及在齿状回内的分化。研究发现，轻度运动是一种可以提高成年海马神经形成，尤其是提高与空间记忆相关的成熟神经元数量的有效方式。年龄会影响海马神经的形成，在中年期神经的形成即开始减退，同时会引起认知功能衰退，但是运动对神经形成影响的效果是终身的。神经影像学表明，有氧运动量较高的老年群体有更大的海马体积及在认知任务上的得分更高。

从功能学上考虑，运动在不同的人生阶段，包括儿童、青少年、中年及老年，均可带来认知行为益处，同时可预防认知退化性疾病的发生及增强脑功能。

运动在神经发育和神经功能康复中均扮演着重要角色，适当的运动方式和运动量对脑功能、脑形态、脑营养和脑损伤后康复等方面都有积极作用。运动不仅可以预防认知障碍的相关疾病，还能提高认知能力、增强脑功能。

二、运动主动健康对脑梗死的影响和干预策略

脑梗死又称缺血性脑卒中，在中医上称为"中风"，是一种由大脑局部区域血液供应障碍导致脑组织缺血缺氧性坏死，进而产生神经功能缺损及其他症状的疾病。其发病率占脑血管疾病的 75% 以上。根据其发病机制，脑梗死可以分为脑血栓形成、脑栓塞和腔隙性脑梗死等主要类型，其中脑血栓形成是脑梗死最常见的类型。脑梗死的病死率高，存活者中超过半数会留下不同程度的运动功能障碍，对患者的生活质量造成严重影响。

（一）影响机制

脑梗死患者的运动功能康复成为众多学者研究的重点，研究旨在通过各种治

疗手段改善患者的运动能力，提高其日常生活能力，帮助患者重返社会。

脑梗死康复的实质是"学习、锻炼、再锻炼、再学习"，要求患者理解并积极投入。在急性期，康复运动主要是抑制异常的原始反射活动，重建正常运动模式，其次才是加强肌肉力量的训练。脑梗死患者的康复运动强度、频率、方式和时间应根据个人的身体情况而定，并在医生的指导下进行。

（二）运动处方

1.运动强度

应根据患者的具体情况选择适当的运动强度。一般来说，中低强度的运动比较适宜，如散步、慢跑、太极拳等。如果患者的体能较好，可以逐渐增加运动强度，但不应过度劳累。

2.运动频率

适当的运动频率对于脑梗死患者的康复也很重要。一般来说，每周进行3～5次运动，每次持续30分钟左右是比较合适的。如果患者的身体状况较差，可以减少运动频率，但不应该停止运动。

3.运动方式

脑梗死患者的运动方式应该多样化，脑梗死的特点是障碍与疾病共存，应采取个性化的方案，循序渐进。其中包括：

（1）主动活动。

尽量让患者做主动运动，肌肉的收缩为减轻水肿提供了很好的泵的作用。可让患者在患肢上举位做一些活动，如手指的抓握活动、抓握木棒、拧毛巾等。

（2）床上训练。

为站立和步行打基础，如翻身，起坐，坐平衡三级训练，髋、膝、肩、踝等关节抗痉挛训练及双腿或单腿搭桥训练，然后从坐立位转换到立位三级平衡训练，重点是重心向患侧移位的训练。

（3）保持良姿位。

所谓良姿位即抗痉挛的良好体位，患者除进行康复治疗训练外，其余时间均应保持偏瘫肢体的良姿位。平卧位或患侧卧位时，应使肘关节伸展，腕关节背屈；健侧卧位时肩关节屈曲约90°，肘关节伸展，手握一毛巾卷，保持腕关节背屈。良姿位可改善静脉回流，减轻手部肿胀。

（4）日常生活能力训练。

根据日常生活能力的不同而采用不同的护理方法，一般采用"替代护理"的方法来照料患者，即患者在被动状态下，接受护理人员喂饭、漱口、更衣、移动等生活护理，而自我护理是通过耐心的引导、鼓励、帮助和训练患者，使患者主动参与 ADL（日常生活活动）训练。脑梗死患者会有肢体功能障碍，不同程度地影响到日常生活能力，采用自我护理，使他们达到部分或全部自理，以便回归社会，适应新生活。

（5）被动活动。

被动活动的动作应轻柔，以免引起疼痛或加剧疼痛。可让患者用健肢带动患肢做上举运动，也可在无痛范围内做前臂旋前、旋后，腕关节的背屈、伸展活动等，以保持患肢关节的正常活动范围。注意预防肩 – 手综合征的发生，可减轻患者的痛苦和经济负担。坐轮椅时，应确保患肢不悬垂于轮椅一侧，可将手置于轮椅扶手上或轮椅桌板上；应尽量避免在患手输液，避免过度牵拉手关节及意外损伤。这样做不但可预防肩 – 手综合征的发生，即使发生后也可防止病情加重，减轻残疾，提高患者的生活质量。

（6）语言康复训练。

首先，教会患者及其家属运用数字（1 ~ 10）和简单的字进行重复训练。其次，采用口形法向患者示范口形，让其仔细观察每一个音的口形变化，纠正错误口形并进行正确发音。最后，从简单的数字、句子开始说起，再循序渐进地加深复杂的语句，鼓励其经常与家人进行语言交流，为患者创造良好的语言环境，让患者完成单一的任务，增强患者的信心，逐步提高患者的语言表达能力。

（7）步行训练。

患侧负重良好后，进行迈步训练、基本步行训练和实用步行训练，纠正患肢膝关节不屈曲而使小腿外摆拖地动作。双上肢扶床边或周围固定物，双手摆放与肩同宽，下肢膝关节屈曲做下蹲和起立练习，继而膝关节交替屈曲，髋关节交替斜上顶做脚尖不离地的踏步练习。从助力运动到抗阻运动的训练程序，促进患侧肌力恢复，力争达到躯干和四肢肌力的平衡和对称。上肢练习也是从被动 – 助动 – 主动 – 负重的顺序进行，手指由粗大功能到精细功能，尽量使患者生活自理。

4. 运动时间

适当的运动时间对于脑梗死患者的康复也很重要。一般来说，每次运动时间应控制在 30 ～ 60 分钟，不宜过长也不宜过短。如果患者身体状况较差，可以减少运动时间，但不应该停止运动。

总之，脑梗死患者的康复运动应根据个人的身体情况而定，选择适当的运动强度、频率、方式和时间，并在医生的指导下进行。

三、运动主动健康对阿尔茨海默病的影响和干预策略

阿尔茨海默病（Alzheimer's disease，AD）是一种发生于老年期和老年前期，以进行性认知功能障碍和行为损害为特征的中枢神经系统退行性疾病。临床上主要表现为记忆障碍、失语、失用、失认、视空间能力损害、抽象思维和计算力损害、人格和行为改变等。AD 是老年期最常见的痴呆类型，占老年期痴呆的 60% ～ 80%。预计至 2050 年，全球将有超过 1 亿人罹患 AD，对家庭和社会造成沉重的负担。然而，目前 AD 的治疗以药物（如 NMDA 受体拮抗剂盐酸美金刚和胆碱酯酶抑制剂盐酸多奈哌齐）控制临床症状为主，尚缺乏阻止甚至逆转病情进展的有效防治方法。因此，探寻有效的诊断、预防和治疗策略是十分必要和迫切的。

（一）影响机制

因为运动能延缓人体衰老，增强人体免疫功能，适量运动对人体各系统功能都产生良好影响，是延缓衰老、预防痴呆的重要手段之一。

经常做些适量的运动可使大脑皮质神经活动过程的兴奋性、灵活性、均衡性和各中枢之间的协调性得到改善，使大脑的紧张状态得到缓和，使反应潜伏期缩短，从而使动作敏捷，工作效率提高。同时，体育活动可以使老年人红细胞中的超氧化物歧化酶活性增强，从而减少大脑皮质神经元内脂褐素的沉积，延缓大脑的老化。

另外，运动在一定程度上可减轻焦虑。研究表明，经常运动的老年人比不运动的老年人有更好的认知能力，表现在进行需要集中注意力和反应迅速的工作时，其反应时间缩短。试验表明，长期坚持体育锻炼的老年人比不经常参加体育锻炼的老年人感觉记忆、短时记忆、长时记忆都好一些。但是，老年人在参加运

动之前，必须经过严格的身体检查，尤其要做详细的心血管方面的检查，如发现潜在性疾病和危险因素，应引起注意。老年人的运动处方必须以安全为最终目标。如已有窦性心律失常、糖尿病、高血压病、心肌梗死、动脉硬化及肥胖症的患者必须经过检查后，依照医生的指导，针对个人开出运动处方，切不可盲目行事。

（二）运动处方

AD 患者的运动应根据患者的具体情况而定，选择适当的运动强度、频率、方式和时间，并在医生的指导下进行。同时，患者应注意保持良好的生活习惯，如饮食清淡、保持充足的睡眠、适度休息等。

1. 运动强度

AD 患者的运动强度应根据患者的身体状况和运动能力而定。一般来说，中低强度的有氧运动比较适宜，建议进行心率在 120 次／分左右的运动。如果患者的身体状况较好，可以逐渐增加运动强度，但不应该过度劳累。

2. 运动频率

适当的运动频率对于 AD 患者的病情改善也很重要。一般来说，每周进行 3 ～ 5 次运动，每次持续 30 ～ 60 分钟，是比较合适的。如果患者的身体状况较差，可以减少运动频率，但不应该停止运动。

3. 运动方式

AD 患者的运动方式应该多样化，虽然许多运动项目老年人都可以参加，但有些运动项目对老年人的身体健康及预防痴呆更为有利，如太极拳、慢跑、快步走、游泳、爬山、跳交际舞、练气功等。手指运动是一种提高记忆力和延缓神经细胞衰老的简单有效的方法，可经常使用手指旋转钢球或核桃，或做双手伸展运动。

下列 8 种运动能有效预防痴呆。

（1）快步走。

快步走可以运动腰下部的紧张肌群，提高摄氧量，有助于刺激脑细胞，防止脑细胞退化，对预防痴呆有良好的效果。建议每天上午或傍晚，在空气清新的地方快步走 1 小时。

（2）慢蹲。

慢蹲也是对脑部神经的一种锻炼，慢蹲让神经处在工作的紧张状态而不再松弛，合理的慢蹲对提高脑部神经控制能力很有成效。慢蹲的标准做法：抬头挺胸站立，双足分开与胯同宽，足尖朝向正前方，双手垂于体侧，接着身体慢慢屈膝下蹲，直到大腿与地面平行；臂在下蹲的同时向前伸直并慢慢举起，举到与肩同高的位置，然后慢慢起身还原。下蹲时要抬头挺胸，臀部向后坐，同时尽量避免膝盖超过足尖。

（3）走直线。

旨在锻炼身体的协调性、灵敏度，有助于防止神经系统退化，预防痴呆。在健步走过程中，应集中精力，控制双足的落点，让它们落在一条直线上。

（4）举哑铃。

哥伦比亚大学的一项研究发现，举哑铃有助于改善65～75岁老年人的认知功能。研究人员认为，老年人完成简单的举哑铃运动，有利于提高他们的决策能力。

（5）倒走。

倒走运动可刺激人的神经系统，提高身体的平衡性和灵敏度，增强身体的协调性，延缓大脑衰老。因此在步行过程中，可选择一段距离进行倒走运动。但一定要保持身体重心，防止因重心不稳而摔倒。此外，老年人倒着走时，应选择开阔平坦的路面，注意安全。

（6）手指操。

每一根手指都有经络经过手臂直接连通到头、面部及脑的深部，因此运动手指可刺激大脑不同的中枢。如将小指向内折弯，再向后拔，做屈伸运动10次；或将小指按压在桌面上，然后用手反复刺激它；也可双手十指交叉用力相握，然后猛力拉开；或刺激手掌中央（手心），每次捏20次；或经常揉擦中指尖端，每次3分钟。每天可在上述方法中选择2～3种交替使用，平时也要尽量利用各种机会活动手指。

（7）提足跟。

提足跟不仅锻炼腿部力量，也可刺激神经，因为在足部有末梢神经，慢慢提起又放下可锻炼神经的控制协调能力。具体做法：身体站直，保持头颈背腰及腿部用力拉直。目视前方，微收下巴，抬头挺胸收腹，双手叉腰。腿部肌肉用力，抬起足跟离开地面约5cm，再缓慢落下。注意保持身体静立，不要左右摇摆，尽量让全身肌肉都有紧张感，每组10～15次，每天建议进行2～3组。

（8）头颈左右旋转。

这种运动不但可使颈椎的转动变得顺畅，降低老年人罹患椎 – 基底动脉供血不足的病症，还可延缓脑动脉硬化，预防痴呆症的发生。其方法是先将头部缓慢地由左向右旋转，再将头部由右向左旋转，各重复 30 次。随时随处可做，方法简便。

4. 运动时间

适当的运动时间对于 AD 患者的病情改善也很重要。一般来说，每次运动时间应该控制在 30 ～ 60 分钟，不宜过长也不宜过短。如果患者的身体状况较差，可以减少运动时间，但不应该停止运动。

第三节　运动主动健康在骨骼肌肉系统中的应用

运动主动健康的概念强调根据个体的需求制订运动计划，培养主动运动习惯，以提高个体健康水平，尤其在维护和增强骨骼肌肉系统的健康方面具有重要的应用价值。

一、骨骼肌肉系统疾病的定义和分类

（一）骨骼肌肉系统疾病的定义

骨骼肌肉系统疾病是指影响骨骼、肌肉、关节、韧带、滑膜等周围软组织的疾病。这类疾病可能涉及单个组件，也可能同时影响多个组件，导致疼痛、功能障碍、畸形或残疾。

（二）骨骼肌肉系统疾病的分类

1. 骨折

骨折是指骨骼的完整性和连续性中断，通常由外伤、骨质疏松等原因引起。诊断骨折需结合病史、体格检查和影像学检查结果，如 X 射线检查和 CT 扫描等。

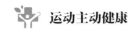

2. 关节疾病

关节疾病是指影响关节健康状况的一系列疾病，包括关节炎症、退行性病变、损伤和其他病理状态。关节是连接两块骨头的结构，由关节面、关节囊和关节腔三部分组成，它们共同协作以实现骨骼之间的灵活运动。关节疾病可影响一个或多个关节，导致疼痛、肿胀、僵硬、功能障碍甚至残疾。主要类型包括关节炎、退行性关节病、关节损伤、感染性关节疾病、代谢性和内分泌疾病、自身免疫性关节疾病。症状可能包括但不限于关节痛、肿胀、僵硬、活动受限和畸形。关节疾病的诊断通常需要结合病史、体格检查和辅助检查，如 X 射线检查、MRI检查和血液检测等。

3. 肌肉疾病

肌肉疾病是指影响肌肉组织的疾病，这类疾病可能影响肌肉的结构、功能和能量供应，导致肌肉无力、疼痛、萎缩或其他功能障碍。肌肉疾病的原因多样，包括遗传因素、感染、免疫介导性疾病、代谢异常、药物或毒素暴露等。类型主要包括肌无力症、肌炎、肌肉萎缩、代谢性肌肉疾病、神经肌肉接头疾病。症状可能包括肌肉疼痛、无力、疲劳、肌肉抽搐或萎缩。肌肉疾病的诊断通常需要结合病史、体格检查和辅助检查，如血液检测、肌电图、肌肉活检等。

4. 骨病及脊柱疾病

骨病及脊柱疾病是影响骨骼和脊柱的疾病，可能由多种原因引起，包括遗传、代谢、感染、炎症、创伤等。这类疾病可能导致疼痛、功能障碍、畸形甚至残疾。主要包括骨质疏松症、骨关节炎、脊柱创伤、脊柱炎症性疾病、脊柱侧凸等疾病。骨病及脊柱疾病的诊断通常需要结合病史、体格检查和辅助检查，如 X 射线检查、CT 扫描、MRI 检查等。

5. 软组织疾病

软组织疾病是指影响身体软组织的疾病，包括肌肉、肌腱、筋膜、韧带等。这类疾病可能由多种原因引起，包括创伤、炎症、代谢异常、感染、免疫介导性疾病等。症状可能包括疼痛、肿胀、发热、功能障碍等。软组织疾病的诊断通常需要结合病史、体格检查和辅助检查，如超声检查、MRI 检查、血液检测等。

二、骨骼肌肉系统疾病的风险因素

骨骼肌肉系统疾病的风险因素多种多样，包括遗传、生活方式、环境和职业因素等。

1. 年龄

随着年龄的增长，肌肉和骨骼的强度与灵活性可能会逐渐减弱，增加患肌肉骨骼疾病的风险，特别是老年人易患骨质疏松症，导致骨折风险大大增加。

2. 性别

某些肌肉骨骼疾病在特定性别中更为常见，例如，女性由于绝经后激素水平的变化，更容易患骨质疏松症；而男性则更容易患骨关节炎。

3. 遗传

家族史是肌肉骨骼疾病的一个重要风险因素。例如，类风湿性关节炎、强直性脊柱炎和骨质疏松症等疾病在家族中可能具有遗传倾向。

4. 生活方式

缺乏运动、不健康的饮食、吸烟和过量饮酒等都可能增加患肌肉骨骼疾病的风险。例如，吸烟与骨质疏松症和类风湿性关节炎有关，而过量饮酒则可能导致肝脏疾病和肌肉功能障碍。

5. 体重

肥胖与多种肌肉骨骼疾病有关，如骨关节炎和腰椎疾病。体重过重会增加关节负担，导致关节磨损和疼痛。

6. 肌肉状况

肌肉力量和柔韧性不足可能增加受伤风险，并可能导致骨关节炎等疾病。

7. 工作和运动

长时间站立或坐着不动、重复性运动或运动伤害可能导致肌肉骨骼疾病。例如，重复性运动可能导致腱鞘炎和关节炎，而运动伤害可能导致骨折和韧带损伤。

8. 环境和气候

极端气候条件，如寒冷或潮湿的环境，可能增加患肌肉骨骼疾病的风险。例如，寒冷天气可能导致肌肉收缩和关节僵硬，而潮湿天气可能导致炎症加重。

9. 代谢和内分泌问题

如糖尿病、甲状腺功能亢进等，可能影响骨骼和肌肉健康。例如，糖尿病可能导致血管病变和神经损伤，影响骨骼肌肉系统的健康。

10. 感染和炎症

某些感染和炎症性疾病可能影响骨骼肌肉系统。例如，感染可能导致关节炎

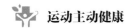

和软组织炎，而炎症性疾病（如类风湿性关节炎）可能导致关节疼痛和功能障碍。

三、骨骼肌肉系统疾病的诊断

骨骼肌肉系统疾病的诊断是一个多步骤的过程，通常包括病史询问、体格检查和辅助检查。详细的诊断流程如下。

1. 病史询问

（1）详细询问患者的主诉，如疼痛、肿胀、活动受限等。

（2）了解症状的性质、持续时间、加重和缓解的因素。

（3）询问患者的病史，包括疾病史、手术史、受伤史、药物使用史和家族史。

（4）评估患者的职业、生活习惯、运动习惯。

2. 体格检查

（1）检查受影响的部位，评估疼痛、肿胀、畸形、皮肤病变和关节活动范围。

（2）检查肌肉力量、感觉和反射，以评估神经功能。

（3）进行全身检查，以排除其他潜在的疾病。

3. 辅助检查

（1）X射线检查：用于观察骨骼结构，如骨折、骨关节炎和骨质疏松症等。

（2）CT扫描：提供骨骼和软组织的详细图像，如肿瘤、骨折和感染等。

（3）MRI检查：提供软组织的详细图像，如韧带、肌腱、肌肉和神经等，用于诊断关节炎、肌腱炎、肌肉病变等。

（4）超声检查：用于评估肌肉、肌腱、关节、软组织的结构和功能，如肩袖损伤、网球肘、扳机指等。

（5）实验室检查：包括血液检测、尿液分析、抗O抗体测试等，用于诊断炎症性疾病、感染、代谢性疾病等。

（6）肌电图：用于评估神经和肌肉的功能，诊断神经肌肉疾病，如重症肌无力、多发性硬化等。

（7）关节穿刺和滑液分析：用于诊断炎症性关节炎，如类风湿性关节炎、痛风性关节炎等。

四、骨骼肌肉系统疾病的运动主动健康措施

骨骼肌肉系统疾病的运动主动健康是指通过有目的的活动和锻炼来缓解症状、增强肌肉力量、改善关节活动范围和功能。运动治疗通常在医生的指导下进行，根据患者的具体病情和治疗目标制订个性化的方案。以下是骨骼肌肉系统疾病运动治疗的一些常见方法。

1. 热身运动

（1）可提高肌肉温度，增加关节的灵活性，减少受伤风险。

（2）包括轻松地步行、动态伸展、关节旋转等。

2. 力量训练

（1）可增强肌肉力量，提高关节稳定性，减轻疼痛和改善功能障碍。

（2）主要方式包括针对特定肌肉群的抗阻运动，如深蹲、举重、俯卧撑等。

3. 柔韧性训练

（1）可提高肌肉和关节的柔韧性，扩大关节的活动范围。

（2）主要方式包括静态伸展和动态伸展，如瑜伽、普拉提等。

4. 功能性训练

（1）可恢复日常生活和工作的活动能力，提高患者的整体机能。

（2）主要方式包括模拟日常生活活动的练习，如穿衣、洗澡、做饭等。

5. 有氧运动

（1）可提高心肺功能，增强全身耐力，减轻疼痛和疲劳。

（2）主要方式包括散步、游泳、骑自行车等。

6. 平衡和协调训练

（1）可提高患者的平衡能力和协调性，减少跌倒风险。

（2）主要方式包括单腿站立、平衡板练习等。

7. 水中运动

（1）可减轻关节压力，增强肌肉力量和柔韧性。

（2）主要方式包括水中有氧运动、水中力量训练等。

8. 康复训练

针对特定疾病的特殊训练，如膝关节置换术后的康复训练。

五、骨骼肌肉系统疾病的运动主动健康干预策略

（一）选择适合的运动类型

根据个人的喜好和身体条件，选择适合自己的运动类型。常见的主动运动包括跑步、骑自行车、游泳、舞蹈等有氧运动，以及力量训练、普拉提等抗阻运动。

1. 个人兴趣

选择自己感兴趣的运动项目，这样可以增加运动的乐趣，增加长期坚持的动力。

2. 身体状况

根据个人的健康状况和体能水平选择合适的运动。例如，有心脏病史的人应避免高强度运动，而关节有炎症的人则需要避免承重较大的运动。

3. 目标和需求

明确你的运动目标是什么，是减脂、增肌、提高耐力、增强柔韧性还是改善平衡能力。不同的运动项目达到这些目标的效果各异。例如，想要增强肌肉力量，可以选择举重；想要提高耐力，可以选择长跑。

4. 时间和资源

考虑你能够投入运动的时间和资源。例如，如果你时间有限，可以选择短时间内能够完成的高强度间歇训练。

5. 社交偏好

有些人喜欢独自运动，而有些人则喜欢团体运动。选择适合你的社交偏好的运动类型，可以帮助你更容易坚持下去。

6. 天气和环境因素

根据你所在的地理位置和天气条件选择合适的运动方式。例如，在冬季，室内运动可能是一个更好的选择。

7. 受伤史

如果你有受伤史，选择运动项目时应避免可能导致再次受伤的运动。例如，如果曾经骨折过，则应避免高冲击力的运动。

（二）明确运动目标

订立可量化的目标，如每周进行多少次运动、每次运动的时长和强度。

（三）渐进增加运动强度

初次开始运动时，逐渐增加运动强度和时长，给身体充分适应的时间。不要一开始就过度运动，以免引发身体不适或受伤。增加运动强度的方法可分为以下九个方面。

1. 开始评估

在开始任何新的运动计划之前，应评估自己的身体状况，了解自己的基础体能水平。如果可能，咨询医生或运动专业人士，以确保你选择的运动类型适合你的健康状况。

2. 初始阶段

在初始阶段，选择较低强度的运动，以便身体逐渐适应新的运动负荷。例如，如果你开始跑步，可以从慢跑或快走开始，并且不要持续太长时间。

3. 建立基础

在身体适应了基础运动强度后，逐步增加运动的时间、频率或强度。例如，如果你习惯于每周 3 次、每次 30 分钟的有氧运动，可以逐渐增加到每次45 分钟。

4. 小步骤增加

每次增加运动强度时，只增加一点。例如，增加几分钟的运动时间，或增加轻微的重量。这样可以确保身体有足够的时间适应新的负荷，减少受伤的风险。

5. 监测身体反应

在增加运动强度后，注意观察身体的反应。如果感到过度疲劳、疼痛或不适，应适当减少运动量。注意倾听身体的信号，不要强迫自己超过当前的极限。

6. 设置具体目标

为每次运动设定具体的目标，如提高跑步的速度、增加举重的重量等。目标应该是具体的、可衡量的和可实现的。

7. 记录进度

记录每次运动的细节，如运动类型、时间、强度、心率等。通过记录，你可以看到自己的进步，并在必要时调整运动计划。

8. 周期性变化

为了避免身体适应某种特定的运动负荷，可以在不同的时间周期内变化运动类型、强度和持续时间。这样可以帮助身体继续坚持运动，同时避免运动类型单调带来的厌倦感。

9. 保持一致性

坚持是渐进增加运动强度的关键。确保每周都有规律地进行运动，并逐步增加强度。

（四）保持一定频率

频率是保持运动效果的关键。每周进行 3 ～ 5 次运动，每次持续至少 30 分钟，甚至更长时间。保持规律性和坚持运动可以让身体逐渐适应运动负荷，并获得持久的健康效益。

（五）注意身体信号

进行运动时，要倾听身体的信号。如果感到过度疲劳、身体不适或疼痛，要及时休息或降低运动强度。如果运动后出现异常症状，如剧烈疼痛、肿胀等，建议咨询医生。

（六）维持适当的水分和营养摄入

运动后要适当补充水分，尤其是在高强度和长时间运动后。同时，合理搭配蛋白质、碳水化合物和脂肪等营养素，为肌肉提供所需能量和修复所需的营养物质。

（七）寻求专业指导

如果对如何进行主动运动感到困惑，可以咨询专业教练或运动医生。

六、骨骼肌肉系统疾病的运动主动健康干预流程

(一)数据收集

通过三大数据库(门诊数据库、住院数据库、体检数据库)收集医疗机构对门诊、住院患者(或保健对象)、居民个人在医疗机构历次就诊过程中所产生的详细临床信息,以及用户在 App、调查问卷中填写的身体状况、运动习惯、生活方式等基础信息。

(二)数据整合

收集的数据需要经过整合和清洗,通过综合健康医疗大数据中心集中处理,将用户的健康信息、运动数据和其他相关数据整合成一份完整的用户档案,并根据用户档案内容由综合健康医疗大数据中心推送至专业医生或康复治疗师端口,由专业医生或康复治疗师对用户进行疾病运动处方制订所需评估数据的测试指导,或由用户通过健康管理平台结合自身需求及身体情况,自行选择教程进行学习,完成健康评估和运动评估,得出评估数据并进行整合。

(三)数据分析

通过两大平台(多学科健康管理平台和主动健康管理平台),利用大数据分析技术对整合后的数据进行分析,找出相关的规律和趋势。

(四)制订个性化处方

根据数据分析的结果,两大平台通过专业医生和康复治疗师在线制订或系统智能设定,为用户制订个性化的疾病运动处方,包括运动类型、强度、时长、频次等建议。步骤如下:首先确定运动处方强度,即测定心率、摄氧量/MET、RPE 等指标,康复患者 RPE 等级在 11 ~ 13 即可;其次确定运动处方内容,原则是以摄氧量/MET 值为依据,选择运动强度在其范围之内的活动项目,选择时还应考虑处方对象的年龄、性别、运动经历及主、客观条件等;最后确定运动频率,康复患者以低强度、长时间运动为宜,可以减少骨骼肌肉系统负担,降低运动损伤的发生率。

（五）实时监测

用户在执行处方的过程中，可以通过两大平台，结合智能运动装备（运动手表、便携式心率记录仪等），记录并监测自己的运动情况和健康数据，系统会根据实时情况调整处方。

（六）反馈和调整

根据用户在执行处方过程中的反馈和数据变化，以及疾病的康复情况、病情变化等，多学科健康管理平台和主动健康管理平台可以将信息同步至后台及专业医生或康复治疗师端口处，及时对处方进行调整和优化，以达到更好的治疗效果。

七、疾病案例示范

（一）膝骨关节炎运动处方

1. 有氧运动

建议每周进行 3～5 天的有氧运动，每次运动时间为 30～60 分钟，选择中等强度（64%～76% 最大心率），即以运动时能够讲话为准。适宜的运动方式包括健步走、游泳和骑自行车。总运动量建议每周达到 150～300 分钟，每次选择其中一项运动进行。

2. 抗阻运动

（1）靠墙静蹲。

首先靠在墙壁上，双臂垂直放松。先站立 1 分钟，做一些热身运动，防止肌肉拉伤。双脚打开与肩同宽，同时做扎马步的动作，双手放于膝盖上，膝关节与大腿呈 60～75 度，感到膝关节和大腿前侧有酸胀感即可。下半身的着力点主要在脚后跟，注意膝盖不要内扣，不要超过脚尖。保持均匀呼吸，每次保持 30 秒。每天 2～3 组。注意运动要循序渐进，适量即可。在运动过程中如有不适，立即停止。

（2）负重站立提踵。

站立直立，双脚并拢，脚跟和脚尖要在同一平面上。双手握住哑铃或其他负重器材，手臂自然下垂放在身体两侧。吸气，缓慢抬起脚跟，用脚尖支撑身体，保持这个姿势 1 ～ 2 秒。呼气，缓慢放下脚跟，回到原来的位置。重复以上步骤，即为完成 1 组动作。每组 10 ～ 15 次，每天 2 ～ 3 组。

（3）俯卧屈膝。

取俯卧位，双手在头前交叉，将头部放在手臂上，然后将左（右）膝关节逐渐屈膝，尽量靠近臀部，并保持屈膝姿势 30 秒，再慢慢放下。两腿交替进行。每组 10 ～ 15 次，每天 2 ～ 3 组。

3. 柔韧性训练

（1）侧弓步。

以站立姿势开始，双脚分开与臀部同宽。双手放在胸前，左腿向一侧迈出一大步。脚平放在地板上，脚趾指向同一个方向。向外迈步时，弯曲左膝，同时保持臀部向后移动。收回左脚，回到起始位置。每组左腿做 10 次侧弓步，然后换到右腿，一天 2 ～ 3 组。

（2）胫骨前肌拉伸。

坐在椅子或长凳上，背部挺直。将双脚平放在地板上，与肩同宽。一条腿膝盖弯曲，将脚背放在地板上，脚趾向后，将脚背压向地板，保持这个姿势 20 ～ 30 秒。换另一条腿，每条腿各重复 5 次。

（3）腘绳肌拉伸。

仰卧，双手按住大腿后面，相对于躯干弯曲 90 度，确保另一条腿伸直以增加拉伸感。伸直抬起的腿，然后把它放下来，有意识地重复这个动作。每次保持 30 秒的静态拉伸，双腿各重复 5 次。

（二）腰椎间盘突出症运动处方

腰椎间盘突出症运动处方的内容包括运动治疗项目、运动剂量及注意事项。治疗项目主要分为耐力性项目、力量性项目、放松性项目、矫正性项目。运动剂量取决于运动的强度、持续时间和频度。运动量应根据锻炼者的体质和耐力做适当的调整，练习中如果发现该动作容易诱发症状或有不适感时可暂停，等待一段时间以后再加练这一动作。

1. 腰背肌肉功能锻炼

（1）桥式运动。

取仰卧位，双腿屈曲，抬起臀部，同时挺胸挺腰，犹如"半桥"。以后随着腰背肌力量的增强可增加难度：取仰卧位，用头、双肘及双足跟接触床面，做挺胸动作，最后过渡到用头、双足跟接触床面，做抬臀挺胸动作，每个动作保持10～15秒，每次10～15分钟，每天1～2次。

（2）俯卧位抬头挺胸。

取俯卧位，用双手支撑床面，肘伸直，先将头抬起，随后上身抬起，尽量向后挺，头后仰，使腹部尽量接触床面，坚持30～60秒，每天15～20次。

（3）俯卧式小燕飞。

取俯卧位，两手和上臂后伸，躯干和下肢同时用力后伸上抬，两膝伸直，仅以腹部着床，使之成为反弓状，整个人体类似"燕子"形状。每个动作保持5～15秒，重复6～20次。开始时次数宜少，以后酌情渐增。

2.常用的腹肌锻炼方法

（1）仰卧起坐。

取仰卧位，双上肢平伸，上身和头部尽量抬起。由于弯腰动作可诱发或加重椎间盘突出，因此应小幅度完成该动作，头和上身稍抬离床面即可。每个动作保持5～10秒，每组10～20次，每天2～5组。随着腹肌力量的逐渐加强，可以加大难度，如在前胸放置沙袋等重物。

（2）下肢抬起。

取仰卧位，下肢并拢、伸直，同时上抬，至与床面成30°角后保持4～10秒，重复4～10次。或仰卧位，下肢并拢，屈膝同时上抬，使双膝靠近腹部，然后膝盖伸直，双腿并拢放回床面，重复10次。随着腹肌力量增强，可在脚踝处捆绑沙袋以增大难度。

（3）仰卧压手。

取仰卧位，双下肢屈曲蜷起，两脚支于床面，将双手分别放在双侧骶髂关节（臀部上方），用身体下压双手，每个动作维持3～10秒，重复10～20次。

（4）躯干旋转。

取端坐位，双臂前伸与身体呈90°角，并分别向左右侧缓慢旋转，角度不限，重复20～30次。或仍取端坐位，后背紧贴于靠背椅上，椅背要垂直于地面，然后做向左转身的动作，使左侧后背压紧椅背，维持10～20秒，重复10～20次。右侧同理。

（5）核心肌群训练。

瑞士球：①取仰卧位，双足置于球上，将臀部抬起，身体保持平直。球越小，难度越大。②取俯卧位，双足置于球上，双手支撑于床面，使双臂伸直。球越小，难度越大。

跪于床上，左手及右膝支撑身体，右臂前伸，左腿后伸，与身体呈一条直线，平行于床面，反之亦然。

（6）有氧运动。

有氧运动包括慢跑、气功、太极拳、健身操、游泳等，既可增强腰椎的稳定性，又可改善心肺功能，增强体质，预防疾病。可在以上几种运动中选择一项，长期坚持。游泳对腰椎疾患的康复效果尤为明显。运动强度应控制在有效心率范围内：（220 - 年龄）×（65% ~ 75%），心率为每分钟 130 ~ 150 次。对于年纪轻、体力好的患者强度可适当加大；对于年纪大、体力差的老年患者，强度要适当减小。如能长期坚持，有氧运动具有临床治疗无法取代的、持久的功效。

第四节　运动主动健康在消化系统中的应用

消化系统的健康状况直接影响到人体的营养吸收和整体健康。适度和科学的运动不仅能促进消化吸收，调节肠道功能，还能有效预防和辅助治疗消化系统疾病。本节将详细介绍运动主动健康对消化和吸收的影响，运动对消化系统疾病的预防和干预措施，以及结合具体疾病案例，探讨运动主动健康在消化系统主动健康中的应用与实施。

一、消化系统疾病的定义及分类

（一）消化系统疾病的定义

消化系统疾病是指影响消化系统各个部分的疾病。消化系统包括口腔、咽、食道、胃、小肠、大肠，以及相关的器官和腺体，如肝脏、胆囊和胰腺等。这些疾病可能包括炎症、感染、肿瘤、代谢紊乱和功能障碍等。

（二）消化系统疾病的分类

（1）食管疾病：包括反流性食管炎、食管癌、食管炎等。

（2）胃及十二指肠疾病：包括胃炎、胃溃疡、十二指肠溃疡、胃食管反流病等。

（3）小肠疾病：包括克罗恩病、肠易激综合征、炎症性肠病等。

（4）大肠疾病：包括结肠炎、溃疡性结肠炎、结肠癌等。

（5）肝脏疾病：包括肝炎、肝硬化、肝癌、肝脓肿等。

（6）胆道疾病：包括胆结石、胆囊炎、胆管炎等。

（7）胰腺疾病：包括急性胰腺炎、慢性胰腺炎、胰腺癌等。

消化系统疾病的症状可能包括腹痛、腹胀、腹泻、便秘、呕吐、食欲缺乏、体重下降等。诊断消化系统疾病通常需要通过病史询问、体格检查、实验室检测（如血液和尿液分析）、影像学检查（如 X 射线检查、CT 扫描、MRI 检查、内镜检查等）来确定。

二、消化系统疾病的风险因素

消化系统疾病的风险因素多种多样，包括遗传、环境、生活方式、感染和其他系统性疾病等。

1. 遗传因素

（1）家族遗传史：某些消化系统疾病，如家族性腺瘤性息肉病、克罗恩病和乳糜泻等，有明显的家族遗传倾向。

（2）遗传易感性：不同个体对某些消化系统疾病的易感性可能不同，这与遗传背景有关。

2. 环境因素

（1）水源污染：不干净的水源可能导致细菌性或寄生虫性肠道感染。

（2）空气污染：长期暴露于有害气体或颗粒物中可能影响消化系统的健康。

（3）农药和化学物质：长期暴露于农药和化学物质中可能增加患消化系统疾病的风险。

3. 生活方式因素

（1）不健康的饮食习惯：高脂肪、高盐、高糖、低纤维的饮食可能增加患消化系统疾病的风险。

（2）缺乏运动：缺乏体力活动可能影响肠道蠕动和消化系统的健康。

（3）吸烟：吸烟与多种消化系统疾病有关，如食管癌、胃癌和结肠癌等。

（4）过量饮酒：长期过量饮酒可能导致肝损伤、胃溃疡和胰腺炎等。

4. 感染因素

（1）细菌感染：如幽门螺杆菌感染，可能导致胃炎、胃溃疡和胃癌等。

（2）病毒感染：如乙型肝炎病毒感染，可能导致肝硬化等。

（3）寄生虫感染：如疟疾、肠道寄生虫感染等。

（4）代谢性疾病：如糖尿病、肥胖症等，可能影响消化系统的功能。

（5）自身免疫性疾病：如系统性红斑狼疮、炎症性肠病等，可能影响消化系统的功能。

三、消化系统疾病的诊断

消化系统疾病的诊断是一个多步骤的过程，通常包括病史询问、体格检查、实验室检测和影像学检查等。以下是一个详细的诊断流程。

1. 病史询问

（1）详细询问患者的主诉症状，如腹痛、腹胀、腹泻、便秘、呕吐、食欲不振等。

（2）了解症状的性质、持续时间、加重和缓解的因素。

（3）询问患者是否有其他伴随症状，如发热、体重下降、黄疸等。

（4）询问患者的病史，包括过去的疾病、手术、受伤、药物使用和家族史。

（5）评估患者的职业、生活习惯、运动和饮食情况。

2. 体格检查

（1）检查患者的腹部，评估是否有压痛、反跳痛、肌紧张等体征。

（2）检查患者的肝脏、胆囊、脾脏等器官，评估其大小和硬度。

（3）检查患者的神经系统，评估是否有神经病变的体征。

（4）检查患者的皮肤，评估是否有黄疸、蜘蛛痣等体征。

3. 实验室检测

（1）血液检测：包括全血细胞计数、肝功能、肾功能、电解质、血糖、血脂等。

（2）尿液分析：评估是否有尿蛋白、尿糖、尿酮体等。

（3）粪便检查：包括粪便常规、粪便隐血试验等。

（4）病毒学检测：如乙型肝炎病毒、丙型肝炎病毒等。

（5）肿瘤标志物检测：如甲胎蛋白、癌胚抗原等。

4.影像学检查

（1）X 射线检查：包括腹部平片、钡餐造影等，用于评估消化道结构和功能。

（2）CT 扫描：提供消化道和周围器官的详细图像，用于诊断肿瘤、感染、炎症等。

（3）MRI 检查：提供更清晰的软组织图像，用于诊断肿瘤、炎症、血管病变等。

（4）超声检查：用于评估肝脏、胆囊、胰腺等器官的结构和功能。

（5）内镜检查：包括胃镜、结肠镜等，用于直接观察消化道内壁，可进行活检和治疗。

5.其他检查

（1）功能性检查：如胃排空试验、小肠通透性试验等，用于评估消化道的功能。

（2）介入性检查：如经皮胃穿刺、经内镜逆行胰胆管造影等，用于诊断和治疗特定的消化系统疾病。

四、运动主动健康干预机制

运动对消化系统疾病的预防和干预有着重要作用，具体如下。

（一）促进胃肠道蠕动

运动可以刺激胃肠道的蠕动，加快食物在消化道内的传输速度，促进食物的消化和吸收，这主要是通过神经系统的调节和肠道平滑肌的活动来实现的。运动可以提高迷走神经的兴奋性，促进胃肠道蠕动和排空，有助于预防便秘等消化系统问题。运动还可以促进激素的分泌，如肾上腺素和肾上腺皮质激素等，这些激素可以影响肠道平滑肌的收缩和松弛，从而促进肠蠕动。

（二）增加血液循环

运动可以增强心脏的收缩力和增加心输出量，加快血液循环速度，使消化系统得到更多的血液供应。这有助于提高消化道的供氧，促进消化酶的分泌、改善肠道吸收微循环，从而增强消化吸收能力。

（三）调节自主神经系统

运动对自主神经系统的调节作用也影响消化系统的功能。适度的运动可以增强副交感神经系统的活动，增加肠道血流，促进胃肠道的蠕动和消化液的分泌；同时，也可以抑制交感神经过度兴奋，降低胃肠道的张力，有助于消化。

（四）缓解压力和焦虑

运动有助于释放身体内的压力和紧张情绪，促进身心放松，缓解焦虑和抑郁情绪。这对于一些消化系统疾病，如胃溃疡、功能性消化不良等，有着积极的调节作用。

（五）改善体重和代谢

适度的运动有助于控制体重，减少体内脂肪堆积，改善血脂和血糖水平，降低患慢性消化系统疾病的风险。此外，运动还可以促进肠道内有益菌的生长，维持肠道菌群平衡，对消化系统的健康有益。

除促进胃肠道蠕动等作用外，运动对肠道菌群的影响也备受关注。研究发现，运动有助于维持肠道菌群的平衡，促进有益菌的增殖，抑制有害菌的生长，从而提高营养物质的利用效率。在营养学领域，越来越多的研究表明运动与肠道对营养物质的吸收和利用息息相关。另外，适当的运动可以帮助控制体重，避免肥胖对消化系统的不良影响，降低患肠道疾病的风险。运动不仅对消化系统疾病有预防作用，同时也可以作为干预策略。对于已经患有消化系统疾病的人群来说，适量的运动可以增强免疫系统功能，帮助身体更好地抵抗疾病。相关研究表明，运动可以帮助维持体重、减少脂肪堆积，降低患肠道肿瘤的风险。此外，瑜伽等一些特定的运动形式也被认为对改善消化系统疾病有益。瑜伽的深呼吸、扭转动作和放松体式可以促进肠道蠕动，缓解肠道不适。一些研究也发现，定期练

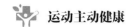

习瑜伽可以改善消化功能，减轻炎症反应，对肠易激综合征和胃溃疡等疾病有一定的辅助治疗作用。

五、运动主动健康治疗措施

消化系统疾病的运动治疗需要根据患者的具体病情来制订个性化的运动计划。

（一）慢性胃炎和消化性溃疡

1. 散步
每天散步至少 30 分钟，可以帮助缓解胃肠负担，促进消化。饭后至少等待 30 分钟再进行轻微活动，以避免胃部不适。

2. 太极拳
太极拳的运动强度较低，有助于调节呼吸和舒缓心情，对胃炎和消化性溃疡患者有益。饭后等待至少 30 分钟再进行轻微活动，以避免胃部不适。

（二）肝胆疾病（如肝炎、肝硬化等）

1. 瑜伽
瑜伽中的某些体位法和呼吸练习有助于改善肝脏的血液供应，促进肝细胞修复。

2. 游泳
游泳是一项全身运动，虽有助于提高身体免疫力，但肝功能严重受损的患者应避免。

（三）胰腺炎

应进行轻度运动，如散步，有助于减轻胰腺的负担，促进胰腺恢复。剧烈运动可能会加重病情，应避免剧烈运动。

（四）肠道疾病（如结肠炎、克罗恩病、溃疡性结肠炎等）

1. 有氧运动
如慢跑、骑自行车等有氧运动，有助于促进肠道蠕动，减轻肠道炎症。

2. 水中运动

水中运动对关节冲击小，适合肠道疾病患者。

（五）胃肠道肿瘤

手术和治疗后，根据患者体力情况，逐渐增加活动量，如散步、慢跑等康复运动。另外，应鼓励患者参与社会活动，保持积极的生活态度。

（六）消化不良和功能性消化不良

进行轻度伸展运动，如瑜伽和普拉提，有助于缓解腹部压力和改善消化。另外，还应养成规律的运动习惯，有助于调节消化系统的功能。

（七）肥胖和代谢性疾病

进行有氧和力量结合训练，有助于减轻体重，改善代谢。结合合理的饮食计划，治疗效果更佳。

六、运动主动健康干预流程

（一）数据收集

通过三大数据库收集医疗机构对门诊、住院患者（或保健对象）、居民个人在医疗机构历次就诊过程中所产生的详细临床信息，以及用户在 App、调查问卷中填写的身体状况、运动习惯、生活方式等基础信息。

（二）数据整合

收集的数据需要经过整合和清洗，通过综合健康医疗大数据中心集中处理，将用户的健康信息、运动数据和其他相关数据整合成一份完整的用户档案，并根据用户档案内容，综合健康医疗大数据中心推送至专业医生或康复治疗师端口，由专业医生或康复治疗师对用户进行疾病运动处方制订所需评估数据的测试指导，或由用户通过两大平台，结合自身需求及身体状况，自行选择教程进行学习，完成健康评估和运动评估，得出评估数据并进行整合。

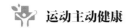

（三）数据分析

通过两大平台，利用大数据分析技术对整合后的数据进行分析，找出相关的规律和趋势。

（四）制订个性化处方

根据数据分析的结果，通过两大平台，专业医生和康复治疗师可以在线制订或系统智能设定，为用户制订个性化的疾病运动处方，包括运动类型、强度、时长、频次等建议。步骤如下：首先确定运动处方强度，即测定心率、摄氧量/MET、RPE 等指标，康复患者 RPE 等级在 11 ~ 13 即可；其次确定运动处方内容，原则是以摄氧量/MET 值为依据，选择运动强度在其范围之内的活动项目，选择时还应考虑处方对象的年龄、性别、运动经历及主、客观条件等；最后确定运动频率，康复患者以低强度、长时间运动为宜，可以减少消化系统负担，降低运动损伤的发生率。

（五）实时监测

用户在执行处方的过程中，可以通过两大平台，结合智能运动装备（运动手表、便携式心率记录仪等），记录和监测自己的运动情况和健康数据，系统会根据实时情况调整处方。

（六）反馈和调整

根据用户在执行处方过程中的反馈和数据变化，以及疾病的康复情况、病情变化等，多学科健康管理平台和主动健康管理平台可以将信息同步至后台及专业医生或康复治疗师端口处，及时对处方进行调整和优化，以达到更好的治疗效果。

七、疾病案例示范

（一）胃肠切除术后肠功能运动处方

1. 肱二头肌运动

患者取仰卧位或半坐卧位，两手握紧哑铃，两臂放于身体两侧，屈肘，弯起前臂尽可能到最高点，同时收缩肱二头肌，静止 1 秒。伸展肘关节，让前臂徐徐下落至两臂完全伸直。弯起前臂时吸气，回落时呼气。循序渐进，每组 10 次，每天 2 ～ 3 组。

注：从低强度开始，逐步向中等强度过渡。运动时心率最高可达 100 ～ 120 次 / 分，溃疡严重者的最高心率应低于 100 次 / 分，防止出血。

2. 肱三头肌运动

患者取仰卧位或半坐卧位，两手握紧哑铃，两臂放于身体两侧，向上举起，两臂与地面垂直后，屈肘下垂前臂，把前臂向上挺伸，直到臂部完全伸直。静止 1 秒，彻底收缩三头肌，然后屈肘有控制地让前臂徐徐下垂回到开始位置，充分伸展三头肌。挺伸前臂时吸气，下垂时呼气。循序渐进，每组 10 次，每天 2 ～ 3 组。

注：从低强度开始，逐步向中等强度过渡。运动时心率最高可达 100 ～ 120 次 / 分，溃疡严重者的最高心率应低于 100 次 / 分，防止出血。

3. 臀桥练习

患者平躺，双膝弯曲，脚掌踩在地面上，膝盖与脚尖保持在同一直线上，接着用手支撑地面，手肘与肩部保持垂直。深吸一口气，收紧腹部肌肉，将臀部向上推起，直至大腿和躯干呈一条直线。此时，患者身体应该呈三角形状，肩膀、膝盖和脚跟在同一垂直线上。保持这个姿势 5 秒，感受臀部肌肉的紧张。最后，缓慢呼气，放松臀部肌肉，将身体恢复到起始姿势。每组 10 次，每天 2 ～ 3 组。

注：从低强度开始，逐步向中等强度过渡。运动时心率最高可达 100 ～ 120 次 / 分，溃疡严重者的最高心率应低于 100 次 / 分，防止出血。

（二）慢性胃炎运动处方

1. 自我推拿

慢性胃炎的运动疗法要注意全身运动与局部运动相结合，并配合一些适当的按摩治疗，以调整胃肠神经功能，减轻自觉症状，改善消化功能。

按摩腹部：患者取仰卧位，双膝弯曲，两手掌相叠，置于腹部，以肚脐为中心，在中、下腹部沿顺时针方向按摩约 5 分钟，以腹部有温热感为宜。用力宜先轻后重，然后扩大范围按摩全腹部约 2 分钟。

擦腰骶法：患者取坐位，腰部前屈，两手五指并拢，掌面紧贴腰眼，用力擦向骶部，如此连续反复进行约 1 分钟，以皮肤微热为宜。

2. 其他运动

作为有效的辅助疗法，胃病患者可以进行的运动有气功、太极拳、步行、慢跑、骑自行车等。

患者在刚开始锻炼时，运动强度宜小。如采用速度缓慢、全身放松的步行，每次 20 ～ 30 分钟，运动时心率控制在 110 次 / 分左右。可以选择在风景优美的环境中步行 2 千米左右，有助于调节中枢神经系统，改善全身及胃肠功能，对消除腹胀、嗳气、促进溃疡愈合有一定作用。随着病情好转，可适当加大运动量，运动时心率可达到 130 ～ 140 次 / 分。每天最好坚持运动 20 ～ 40 分钟。

急性胃肠炎、胃出血、腹痛者不宜参加运动，待病情恢复或好转后再进行适当运动。

第五节　运动主动健康在呼吸系统中的应用

在当今社会，呼吸系统健康问题日益受到广泛关注。随着环境污染、生活压力的增大及不健康生活方式的盛行，呼吸系统疾病的发病率逐年上升。因此，体育运动作为一种简便易行、效用显著的健康促进手段，对维护和提升呼吸系统功能具有不可忽视的作用。研究和实践证明，适量的体育运动能够有效增强肺部功能，提高氧气的利用率和呼吸系统的代谢能力，减少慢性呼吸系统疾病的发生率，使人们的健康水平与生活质量得到进一步提升。《健康中国行动（2019—2030 年）》也强调通过提高居民的健康素养，推广健康生活方式来控制和预防慢性呼吸系统疾病，从而全面提升居民的健康水平。本节将重点探讨运动主动健康在呼吸系统健康领域的应用。

一、呼吸系统疾病定义及分类

（一）呼吸系统疾病的定义

呼吸系统疾病是涉及呼吸道（包括鼻、咽喉、气管、支气管）和肺的各类疾病的总称。呼吸系统疾病可能由多种原因引起，包括感染、炎症、肿瘤、过敏和遗传等，可能导致咳嗽、胸痛、呼吸困难、气促等症状。

（二）呼吸系统疾病的分类

1. 上呼吸道疾病

包括感冒、鼻炎、鼻窦炎、扁桃体炎、咽炎等。

2. 下呼吸道疾病

包括肺炎、支气管炎、哮喘、慢性阻塞性肺疾病（chronic obstructive pulmonary disease，COPD）、肺结核等。

3. 胸腔疾病

包括胸膜炎、气胸、肺水肿等。

4. 间质性肺疾病

包括间质性肺炎、肺纤维化等。

5. 职业性呼吸系统疾病

如尘肺、石棉肺等，通常与特定职业、环境有关。

呼吸系统疾病的症状可能包括咳嗽、咳痰、呼吸困难、胸痛、气促、喘息等。诊断呼吸系统疾病通常需要通过病史询问、体格检查、实验室检测（如血液和痰液分析）、影像学检查（如 X 射线检查、CT 扫描、MRI 检查）和肺功能测试等来确定。

二、呼吸系统疾病的风险因素

呼吸系统疾病的风险因素多种多样，可能包括遗传、环境、生活方式和其他健康问题。以下是一些常见呼吸系统疾病的风险因素。

1. 遗传因素

家族史可能增加某些呼吸系统疾病的风险，例如哮喘、囊性纤维化和肺结核。

2. 环境因素

（1）空气污染：包括颗粒物、有害气体（如二氧化硫、氮氧化物、臭氧）和烟尘等，可能增加患哮喘、COPD、肺癌等疾病的风险。

（2）室内污染：如二手烟、霉菌、宠物皮屑和尘螨等，可能导致过敏性鼻炎、哮喘和慢性阻塞性肺疾病。

（3）职业暴露：某些工作环境中的粉尘、化学物质和有害气体可能增加患肺癌和其他呼吸系统疾病的风险。

3. 生活方式

（1）吸烟：吸烟是导致肺癌、慢性阻塞性肺疾病和哮喘的主要风险因素。

（2）饮酒：长期饮酒可能增加患肺炎和其他呼吸系统疾病的风险。

（3）不健康饮食：缺乏维生素和矿物质可能导致呼吸系统疾病。

4. 其他健康问题

（1）肥胖：增加患哮喘、阻塞性睡眠呼吸暂停和慢性阻塞性肺疾病等疾病的风险。

（2）糖尿病：可能导致呼吸系统感染和其他并发症。

（3）免疫系统抑制：HIV/AIDS 患者或接受器官移植的患者，感染和患呼吸系统疾病的风险可能增加。

三、呼吸系统疾病的诊断

呼吸系统疾病的诊断通常涉及病史询问、体格检查和各种辅助检查。诊断过程如下。

1. 病史询问

（1）了解患者的主诉症状，如咳嗽、呼吸困难、胸痛、痰液的颜色和性质等。

（2）询问患者是否长期暴露于烟雾、粉尘或其他有害物质的环境中。

（3）了解患者是否有哮喘、COPD 或其他呼吸系统疾病的病史。

（4）了解患者的生活方式，包括是否吸烟、饮酒，饮食和运动习惯等。

（5）了解患者的家庭病史，包括家庭成员是否患有类似的疾病。

2. 体格检查

（1）检查患者的呼吸模式和呼吸速率，以及是否有呼吸困难或喘息的迹象。

（2）检查患者的肺部音，包括呼吸音和啰音，以评估肺部是否有异常。

（3）检查患者的胸廓形态，以确定是否存在肺部塌陷或其他结构问题。

（4）检查患者的皮肤颜色和温度，以评估是否缺氧。

（5）测量患者的血压和心率，以评估患者的整体健康状况。

3. 辅助检查

（1）血液检查：包括全血细胞计数、血气分析、血清学检测（如肺结核抗体检测）等，以评估患者的整体健康状况及是否存在感染或炎症。

（2）痰液检查：检查痰液中的细胞成分和微生物，以评估是否存在感染。

（3）影像学检查：包括胸部 X 射线检查、胸部 CT 扫描和 MRI 检查等，以评估肺部和胸腔的结构及是否存在异常。

（4）肺功能测试：包括通气功能测试、肺容量测定、气体交换功能测试和气道反应性测试等，以评估肺部的功能及是否存在阻塞性或限制性疾病。

（5）支气管镜检查：通过直接观察和取样，评估气管和支气管的结构及是否存在异常。

（6）其他检查：根据患者的具体情况，可能需要进行其他检查，如痰培养、过敏原检测、放射性核素肺扫描等。

四、运动主动健康干预机制

主动运动对呼吸系统疾病的作用机制主要涉及以下四个方面。

（一）改善肺功能

规律的有氧运动可以增强膈肌和肋间肌的力量，这些肌肉是呼吸的主要动力来源，随着肌肉力量的提高，患者的呼吸效率也会相应提高。定期进行有氧运动，如快走、游泳、骑自行车等，可以提高肺部的通气量和换气效率。对于 COPD 等在呼吸上有困难但病情相对稳定的患者，特定的呼吸训练，如呼吸操、吸气肌肉训练等，可增加肺泡的弹性，减轻肺部炎症。调整呼吸频率，加深呼吸，有助于改善呼吸系统的调节功能。其中，运动对呼吸频率的影响如下：①运动时，身体对氧气的需求增加，从而促使呼吸深度和呼吸频率增加，以满足身体对氧气的需求；②随着运动强度的加大，呼吸频率从每分钟 12 ～ 18 次增加到 40 ～ 60 次，呼吸深度也从安静时的 500 mL 上升到 2 000 mL 以上；③肺通气量在运动时可从安静时的 6 ～ 8 L 增加到 80 ～ 150 L，比安静时增加 10 ～ 12 倍。尽早开始主动运动对于预防呼吸系统疾病的发生、发展具有积极作用。

（二）改善肺部循环系统

运动可以促进血液循环，改善肺部血管的弹性和通畅度，有助于提高血液中氧气的含量，同时增强心脏功能，提高血液循环效率，从而增加肺部的血流量，提高氧气的交换效率，减少组织的缺氧情况，进而改善肺部的功能。相关研究表明，适度的有氧运动可以显著改善肺功能，如慢跑、游泳、骑自行车等有氧运动对增强肺活量和提高肺部通气效率都有积极作用。此外，也有研究指出，定期运动可以改善呼吸肌的功能，提高肺功能的稳定性和持久性。长期坚持运动可以改善肺功能，提高肺活量，对慢性支气管炎、哮喘等呼吸系统疾病患者具有一定的辅助康复作用。例如，练气功可以帮助缓解慢性支气管炎症状，增强肺部抵抗力。

（三）减轻症状

对于呼吸系统疾病患者，运动可以缓解病情，减轻症状。适当的有氧运动有助于改善患者的精神状态，提高生活质量。研究发现，有氧运动可以增加肺泡通气量，降低呼吸阻力，对 COPD 患者具有显著的康复效果。适量运动可以调节免疫细胞功能，促进抗体生成，有助于预防呼吸系统疾病。此外，适量运动还可以降低 COPD 患者体内的炎性细胞因子水平，缓解气道炎症反应，改善病情。

（四）预防呼吸系统疾病发生

运动可以减少炎症介质的产生，提高抗氧化剂的水平，进而减轻氧化应激，从而保护肺部免受损伤。适度、有规律的运动对减少压力和焦虑，提高患者的心理健康水平有促进作用，有助于降低心理因素对呼吸道的反应性和疾病带来的不良影响。

五、运动主动健康治疗措施

呼吸系统的运动主动健康治疗是指通过特定的运动和锻炼来增强呼吸肌的力量和耐力，改善肺功能和呼吸效率。这些运动有助于改善呼吸系统的健康状况和整体身体状况。呼吸系统运动主动健康治疗方法如下。

（一）深呼吸练习

1. 腹式呼吸

通过扩张腹部来增加肺容量，改善气体交换。

2. 胸式呼吸

通过扩张胸部来增加肺容量，提高呼吸效率。

3. 控制呼吸

学习如何控制呼吸节奏，可减少呼吸急促。

（二）肌肉力量训练

1. 胸肌锻炼

如卧推、引体向上等，可增强胸部肌肉的力量。

2. 背部肌肉锻炼

如划船、背部拉伸等，可增强背部肌肉的力量。

3. 呼吸肌锻炼

如吹气球、吹蜡烛等，可增强呼吸肌的力量和耐力。

（三）有氧运动

步行、跑步、游泳等有氧运动可以提高心肺功能，改善呼吸系统的健康状况。运动强度应根据个人的健康状况和体能水平来确定。

（四）柔韧性训练

瑜伽、普拉提等伸展运动可以提高身体的柔韧性和灵活性，有助于改善呼吸功能。

（五）呼吸体操

通过一系列有节奏的呼吸动作，可以提高呼吸肌的力量和耐力。例如，深呼吸和呼气练习，可以通过有节奏地呼吸来提高呼吸控制能力。

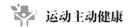

（六）运动康复

对于有 COPD 或其他呼吸系统疾病的患者，运动康复可以提高他们的运动耐力和生活质量。

在进行呼吸系统运动主动健康治疗时，重要的是要遵循医生的指导并制订个性化方案。运动强度和频率应根据个人的健康状况和体能水平来确定，以确保安全和效果。此外，保持良好的生活习惯，如戒烟、合理饮食、保持充足的睡眠和积极的心态，也是促进呼吸系统健康的重要因素。

六、呼吸系统疾病运动主动健康干预流程

（一）数据收集

通过三大数据库收集医疗机构对门诊、住院患者（或保健对象）、居民个人在医疗机构历次就诊过程中所产生的详细临床信息，以及用户在 App、调查问卷中填写的身体状况、运动习惯、生活方式等基础信息。

（二）数据整合

收集的数据需要经过整合和清洗，通过综合健康医疗大数据中心集中处理，将用户的健康信息、运动数据和其他相关数据整合成一份完整的用户档案，并根据用户档案内容，综合健康医疗大数据中心推送至专业医生或康复治疗师端口，由专业医生或康复治疗师对用户进行疾病运动处方制订所需评估数据的测试指导，或由用户通过两大平台结合自身需求及身体情况，自行选择教程进行学习，完成健康评估和运动评估，得出评估数据并进行整合。

（三）数据分析

通过两大平台，利用大数据分析技术对整合后的数据进行分析，找出相关的规律和趋势。

（四）制订个性化处方

根据数据分析的结果，两大平台通过专业医生和康复治疗师在线制订或系

统智能设定，为用户制订个性化的疾病运动处方，包括运动类型、强度、时长、频次等建议。步骤如下：首先确定运动处方强度，即测定心率、摄氧量/MET、RPE 等指标，康复患者 RPE 等级在 11 ～ 13 即可；其次确定运动处方内容，原则是以摄氧量/MET 值为依据，选择运动强度在其范围之内的活动项目，选择时还应考虑处方对象的年龄、性别、运动经历及主、客观条件等；最后确定运动频率，康复患者以低强度、长时间运动为宜，可以减少呼吸系统负担，降低运动损伤的发生率。

（五）实时监测

用户在执行处方的过程中，可以通过两大平台，结合智能运动装备（运动手表、便携式心率记录仪等），记录并监测自己的运动情况和健康数据，系统会根据实时情况调整处方。

（六）反馈和调整

根据用户在执行处方过程中的反馈和数据变化，以及疾病的康复情况、病情变化等，多学科健康管理平台和主动健康管理平台可以将信息同步至后台及专业医生或康复治疗师端口处，及时对处方进行调整和优化，以达到更好的治疗效果。

七、疾病案例示范

（一）COPD 运动处方

1. 有氧运动

每周至少进行 3 ～ 5 天有氧运动，强度为中等强度，比如快走、功率自行车运动等。可通过 50% ～ 70% 峰值功率或者 Borg 呼吸困难评估量表 6 ～ 8 分进行评价。

2. 力量训练

无运动习惯的人从 30% ～ 50% 1-RM 开始，如坐姿抬腿、靠墙静蹲等，进行 2 ～ 3 组训练，每组重复 10 ～ 15 次；有运动习惯的人从 60% ～ 70% 1-RM 开始，如深蹲、平板支撑等，进行 2 ～ 4 组训练，每组重复 8 ～ 12 次。

3. 耐力训练

强度应控制在 40% ～ 70% 最大心率或 Borg 自觉疲劳量表 11 ～ 14 分，每次持续 20 ～ 40 分钟，每周 3 ～ 5 天。

4. 柔韧性练习

强度不需要太高。每次拉伸至感觉紧张或者有轻度不适感就可以停止，不要继续扩大拉伸范围。保持静态拉伸 10 ～ 30 秒，每个动作重复 2 ～ 4 次。柔韧性练习每周至少进行 2 ～ 3 次，最好能每天进行。在柔韧性练习中，静态拉伸、动态拉伸或 RNF 拉伸都是可做的。参与者可以根据自身的水平及周围环境的条件自由选择。

5. 注意事项

较高强度的运动可以带来更好的健康收益。在训练起始阶段，建议进行医务监督，指导运动计划的正确实施，加强安全性。同时，建议记录血氧饱和度下降时对应的负荷。密切监测患者，根据患者的反应和耐受能力调整运动强度和时间。此外，在运动训练前使用支气管扩张剂，可最大限度提高气道狭窄患者的肺功能，减轻呼吸困难并提高运动耐受能力。COPD 患者在进行上肢训练时，会出现呼吸困难加重的现象。患者在室内进行运动时，出现血氧分压 < 55 mmHg 或血氧饱和度 < 88% 时，应及时进行吸氧。对肺部疾病急剧恶化的患者，在症状缓解前应限制运动。

（二）哮喘运动处方

1. 有氧运动

选择低强度的有氧运动，如快走、慢跑、游泳、骑自行车等。这些运动有助于锻炼心肺功能，同时减少对呼吸道的刺激。运动前进行充分的热身，以避免运动过程中突然增加的呼吸需求。保持中等强度的运动，避免过度劳累。可以根据自身情况调整运动强度，前 1 个月保持 40% ～ 59% 心率或摄氧保留值；第 2 个月后保持 60% ～ 70% 心率或摄氧保留值。运动时间以每次 30 分钟为宜，每周进行 3 ～ 5 次。逐步增加运动时间，以提高运动耐受能力。

2. 力量训练

选择轻度的力量训练，如哑铃、杠铃、弹力带等。从小重量、多次数开始，逐渐增加重量，减少次数，避免憋气，保持呼吸顺畅。

（1）俯卧撑。

取俯卧位，支撑在地上或瑜伽垫上，双手比肩稍宽，手指向前，手掌平贴地面。脚尖着地，确保身体从头到脚呈一条直线。收紧腹部和臀部肌肉，为接下来的动作做好准备。保持身体挺直，慢慢弯曲手肘，让身体缓慢下降。在下降过程中，注意保持肘部紧贴身体两侧，避免向外张开。同时，保持头部、颈部和脊柱的自然延伸，不要过度抬头或低头。当胸部即将触地时，根据个人能力调整，不必强求完全贴地，用胸部和手臂的力量控制下降速度，避免突然触地造成的冲击。利用胸肌、肱三头肌和肩部的力量，将身体迅速而平稳地推回起始位置。在推起过程中，手臂应完全伸直，但要避免锁定肘关节。在下降时吸气，推起时呼气。正确的呼吸可以帮助你更好地控制动作节奏，从而提高锻炼效果。

（2）俯身划船。

准备阶段：站立，双脚与肩同宽，膝盖微弯。手持哑铃，两臂自然下垂，掌心相对。保持背部挺直，核心收紧。

俯身阶段：上半身向前倾斜，保持背部挺直，臀部向后伸展。直至上半身与地面保持45°角。同时，将哑铃向两侧拉至身体两侧，肘部指向后方。

划船阶段：吸气，用背部的力量将哑铃向上拉至胸部两侧，肘部靠近身体。此时，哑铃应与地面垂直，背部肌肉充分收缩。

放下阶段：呼气，缓慢将哑铃放回起始位置。注意不要完全放松背部肌肉，以免造成受伤。

重复阶段：每天3组，每组12～15个。

（3）卷腹。

取仰卧位，双脚分开与髋同宽，双手可以放在颈后或交叉放在胸前。向上弯曲双肩及躯干，尽可能地靠近膝盖，使背部弯曲，但不要让整个背部离开地面，只需要向前蜷缩，让胸腔靠近骨盆。在动作的最高处，紧缩腹肌，坚持1秒。放松，缓慢地放下躯干和双肩，回到起始位置。每天3组，每组12～15个。每周进行2～3次力量训练，每次训练后休息1～2天，以便肌肉恢复。

3. 拉伸运动

（1）前屈拉伸。

站立，双脚分开与肩同宽，双手垂于身体两侧，然后深呼吸，慢慢将上身向前弯曲，手臂自然下垂。努力将前额靠近膝盖，并尽量放松头颈部肌肉。30秒/

次，每天 4 ～ 5 次。

（2）扩胸伸展。

双脚分开与肩同宽，双手置于背后，手指交叉并保持绷直，然后深呼吸，慢慢将手臂向上抬起，同时尽量伸直手臂并挺直胸部。30 秒 / 次，每天 4 ～ 5 次。

（3）扭转伸展。

双脚分开与肩同宽，双臂向两侧伸直，然后慢慢转身，将右手臂伸向左侧，尽量转动上身。保持这个姿势数秒，然后回到初始姿势。再换另一侧进行，将左手臂伸向右侧。30 秒 / 次，每天 4 ～ 5 次。

4. 注意事项

运动强度以运动时出现的症状为限制标准。理想的运动频率是每周 3 ～ 5 天，但需根据患者病情，以不诱发哮喘发作为原则。理想的运动持续时间是每次 20 ～ 30 分钟，可视病情许可，适当延长或缩短时间，待病情许可耐受后酌情调整运动持续时间，但需避免长时间高强度运动。另外，心率或摄氧保留值是个人最大心率（或最大摄氧量）与安静心率（或安静摄氧量）的差值，加上安静值，作为运动训练强度的依据。

第六节　运动主动健康在睡眠健康中的应用

运动主动健康理念的核心在于主观能动性，这一概念从主观意识的角度出发，强调个体或集体能够自愿地、主动地运动，形成有利于健康的局面。主观积极性在运动主动健康中体现为个体的自主性和主动性。具有高度主观积极性的个体更倾向于自发地提升健康意识和素养，自主运动，并在疾病发生前具备前瞻性干预的意识。这种前瞻性干预不仅体现在运动上，还体现在心理和社会层面的预防与干预。这种主动运动不仅减少了急性医疗干预的需求，也有助于降低长期健康问题的风险。

身心健康是良好睡眠的保障，科学的运动能有效地促进和保持人的身心健康，同时也能缓解和消除睡眠障碍的一些症状，提高睡眠质量。运动促进睡眠的研究可以追溯到中国古代道家的导引术和睡功，当然，这种方法是与道教追求长生得道成仙的思想相结合的，我们要取其精华，去其糟粕。随着人类体育事业的发展，人们针对运动提高睡眠质量做了大量的研究，进行了大量的科学探索，取得了一定的研究成果。研究证实，经常参加体育运动的学生，睡眠状况明显好于不经常参加体育运动的学生。许多睡眠专家也建议适当加强体育运动，以提高睡眠质量。体育运动是治疗睡眠问题既有效又经济的方法，坚持有规律的体育运动，效果更佳。

一、运动对睡眠的生理影响

运动对睡眠具有重要的生理影响，这些影响有助于我们理解为什么运动能够改善睡眠质量。运动对睡眠的生理影响体现在以下五个方面。

（一）调节神经内分泌

适量有效的运动对人体产生的效应主要通过调节神经内分泌来实现，大量研究认为，单胺类神经递质（如 5-HT、NE、DA）及 GABA、谷氨酸（Glu）和肽类物质（如内啡肽、食欲肽）等参与了睡眠—觉醒的周期性节律调控。运动训练被证明可增加海马体内 5-HT 的代谢及转换，以及 5-HTlA 受体表达水平；运动还可以降低皮质醇浓度，过高的皮质醇浓度会杀死海马体内的细胞。因此，运动可以改善海马体功能，增加体内 5-HT 水平，从而有效阻断大脑对不良情绪体验及厌恶事件的回忆，改善情绪。中等强度的体育运动能够使 GABA 能神经纤维密度增加，从而重建下丘脑室旁核交感兴奋性神经元的"兴奋 - 抑制"平衡，增强对中枢神经元的抑制作用，达到抑制觉醒和促睡眠效应。大量文献表明，运动可增加多巴胺和内啡肽的分泌，多巴胺是人类快乐情绪的物质基础，同时可激活伏隔核，提高注意力。运动处方被大多数临床医生认可，成为精神疾病治疗的选择方案，可改善心理健康状况和失眠状况。运动是改善抑郁的良药，但是专业知识和培训不足是制订运动处方最常见的障碍，因此运动处方的设计是一个技术难点。数字行为疗法中运动处方可提高心理韧性，这可能是失眠治疗获得临床效益的一个重要机制，可能会降低失眠复发和抑郁的长期风险。另外，运动过程产生的体温升高和排汗能降低食欲肽的浓度。食欲肽是下丘脑外侧区合成和分泌的具有提高食欲作用的神经多肽小分子，可以调节神经功能状态、参与免疫功能调控、保持清醒。食欲肽浓度降低可促进觉醒水平下降，有助于睡眠。

（二）稳定自主神经系统

适量的运动训练会降低交感神经反应性。交感神经兴奋时，人体会出现心慌、焦虑、急躁、血压升高等应激状态，不利于稳定情绪和进入睡眠状态。Al-Jiffri O 等对失眠症患者进行 6 个月的运动干预，结果表明，有氧运动训练在调节慢性原发性失眠症患者的炎症和睡眠质量方面优于阻力运动训练，其可能机制是通过副交感神经的活性变化来实现的。规律的有氧运动可显著降低血液中儿茶酚胺的浓度，儿茶酚胺可以调控副交感神经的状态，睡眠质量随副交感神经系统活性的增加而提高。

（三）促进免疫应答

近年研究表明，细胞因子不仅参与炎症反应和免疫应答，还构成并沟通神经内分泌－免疫系统网络。运动－睡眠－细胞因子三者相关性的大多数生理、生化研究主要集中于 IL-1、IL-6 及 TNF-α。国外一项研究提出，IL-1、TNF-α 通过运动后体温的变化来对睡眠进行调控。在睡眠初始期，机体中心区血液慢慢流向四肢末梢，导致机体温度慢慢下降。人体经过运动后，其核心体温升高，在下丘脑的调控下 IL-1、TNF-α 水平降低，以促进降温机制发挥作用，入睡潜伏期缩短，总睡眠时间延长。Gamaldo C 等证实，骨骼肌收缩过程中会影响细胞因子 IL-6 的释放浓度，IL-6 参与免疫应答的调控过程，这些细胞因子是睡眠调节的重要物质。

（四）改善脑血管功能

运动对血管的影响可能与脑血流有关，大脑虽仅占人体体重的 2%～3%，但静息时需 15%～20% 的心输出量维持代谢。运动是加速脑部血流、改善血流动力学最简易的方法。运动之中，一张一弛，可改善血管的弹性与柔韧性。运动之后，人的血液循环得到增强，血液更流畅，新陈代谢的加速帮助人更好地排泄体内的毒素，但运动的作用是双向的，低到中小强度运动会加速血流，高强度运动则可能导致供血不足。Curtelin D 等学者研究指出，运动可使额叶产生新的微血管，使额叶和杏仁核之间建立更紧密的连接，同时还能改善海马体和额叶的抑制功能，减弱杏仁核的压力反应，通过海马体、额叶和杏仁核环路增强抗压能力。

（五）维持睡眠稳态

运动有助于调节身体的生物钟，使人更容易适应日常活动和规律的睡眠时间。以中、低强度的长时间运动为例，当运动进入稳定状态后，机体所需的氧气可得到充分供给，此时摄氧量与需氧量保持动态平衡，这种状态称为真稳定状态。生物机体对外环境变化能做出前期适应，它还可使一切生理功能和机体活动根据外界环境的昼夜变化，以周期的形式，有秩序、有节奏地进行，并有助于达到睡眠稳态。

二、运动主动健康对睡眠疾病的干预策略

随着互联网的普及和电子设备的兴起，人们在日常生活中可以足不出户地享受科技带来的便利。互联网和电子设备的普遍性、便利性、娱乐性等吸引力，使得人们日常生活中在电子屏幕上花费太多时间，久坐不动的情况很多，熬夜甚至通宵成为常态。随着时间的推移，不规律的生活习惯容易对人体内分泌、免疫系统和新陈代谢产生不良影响，从而引起睡眠障碍。

运动主动健康对于预防和干预睡眠疾病具有积极作用。通过"3+1+2"主动健康信息平台系统从患者端、医生端、健康管理师端、医院管理端进行细致设置，为有睡眠问题的患者提供全面的睡眠健康管理服务。实现长周期对健康信息及睡眠影响因素进行抓取、整合、分析和预测，对睡眠危险因素采取以运动主动健康为主、以药物治疗为辅的方式，从而达到提高睡眠质量、消除睡眠稳态失调、维持人体睡眠稳态的目的。以下是两种主要的睡眠疾病实例。

（一）阻塞性睡眠呼吸暂停（obstructive sleep apnea, OSA）

成年人 OSA 是常见的睡眠问题，对健康有着较大的不良影响。OSA 指成年人在每晚 7 小时的睡眠过程中出现呼吸暂停和低通气反复发作的次数 ≥ 30 次，或呼吸暂停和低通气指数 ≥ 5 次 / 小时。OSA 的临床症状主要包括睡眠打鼾、头晕头痛、疲倦乏力、白天嗜睡、认知障碍和注意力下降等。在工作效率层面，OSA 会导致患者工作效率下降。在交通安全层面，OSA 还会导致患者发生交通事故。在合并其他疾病层面，OSA 与抑郁症相互关联，这两种疾病具有一些相同的症状和多导睡眠图特征，二者往往存在于同一患者身上。预防及干预方案如下。

1. 用户端的个体健康数据采集

借助智能穿戴设备，全面采集个体的睡眠状况、心率、呼吸、血压等生理数据，并追踪运动、饮食及日常生活活动。通过对居家、出行及工作环境中睡眠健康数据的深度分析、精准识别与细致分类，制订个性化预防策略与科学干预治疗方案。

2. 数据分析及处理

运动主动健康中心平台通过参与用户的年龄、既往病史、目前存在的睡眠问题、睡眠量表的结果等综合评估结果进行分组，管理平台根据用户分组情况分配运动主动健康方案。运动主动健康方案中运用 Borg 主观疲劳程度量表从主观指标角度判断运动强度。客观指标如心率、血压等，可使用穿戴设备监测，应结合主、客观运动强度测量指标来判断其运动强度，保证顺利实施合理强度的运动，从而保证运动干预的长期效果。

3. 基本运动处方

（1）有氧运动。

有氧运动，如快走、跑步、游泳和骑自行车等，可以提高心肺功能和氧气的利用效率。这些运动通过增强呼吸系统的功能，可以减少呼吸暂停的发生频率，并减轻其严重程度。每周运动的次数根据个人情况安排，每次至少进行持续 30 分钟的有氧运动。

（2）呼吸训练。

深吸气和慢呼气可以增强呼吸肌的控制力与肺活量。可以尝试深吸气，然后以慢而稳定的节奏呼气，用鼻腔呼吸来进行呼吸训练。这有助于稳定呼吸，减少喉咙组织的振动和阻塞。

（3）喉部肌肉锻炼。

通过加强喉部肌肉锻炼，可以增加喉部的张力，减少堵塞的可能性。喉部肌肉锻炼可以通过一些特定的口腔和喉部运动来进行，如咀嚼天然橡胶、做喉部肌肉收缩练习等。建议咨询专业人员，获得具体的指导。

（4）减重。

体重过重是导致 OSA 的重要因素之一。减轻体重可以减少脂肪在喉部的堆积，缓解呼吸道的堵塞。通过健康饮食和适度运动减轻体重，可以有效改善 OSA 症状。

根据用户需要进行科普及分配主动运动 – 睡眠健康方案；推送科学运动科普知识；推送饮食、运动方案；回访数据分析及转诊方案。

（二）失眠

失眠是最常见的睡眠健康问题，指患者对睡眠时间和 / 或睡眠质量不满足并影响日间社会功能活动的一种主观体验。失眠在临床上可分为慢性失眠、短期失眠及其他类型失眠。慢性失眠是指失眠的临床症状每周至少出现 3 次并且持续时间≥ 3 个月，无法被其他睡眠障碍解释；短期失眠是指失眠的症状每周至少出现 3 次，持续时间＜ 3 个月，无法被其他睡眠障碍解释；若失眠症状由其他障碍（如共存躯体障碍、精神障碍等）所引起，则为其他类型失眠。鉴于失眠问题的普遍性和其对生活质量的显著影响，采取有效的治疗措施以提高睡眠质量、提升整体生活状态显得尤为迫切。近年来，随着人们健康意识的提高，非药物治疗手段，特别是主动运动在失眠治疗中的应用越来越受到关注。这种干预方式不依赖药物，副作用小，长期效果明显。针对失眠问题，我们推荐以下干预方案。

1. 预防干预方案

用户端的个人健康数据采集及综合评估同前文所述。通过平台或面对面对话的方式为患者提供运动指导服务，根据个人健康状况和身体素质制订相应的运动方案。

2. 基本运动处方

（1）时间安排。

在选择运动时间时，最好选择早晨或中午。避免在临近睡眠时进行剧烈运动，因为这可能会导致兴奋和难以入睡。

（2）有氧运动。

有氧运动可以促进身体的新陈代谢，提高心肺功能，促进血液循环，这些都有助于改善睡眠质量。推荐进行中等强度的有氧运动，如快走、跑步、游泳、骑自行车或有氧舞蹈等。每周运动次数应做好个性化安排，每次至少持续 30 ～ 60 分钟。

（3）放松运动。

放松身心的运动可以缓解身体紧张和焦虑，帮助进入睡眠状态。尝试瑜伽、太极、普拉提、深度呼吸和伸展运动等。这些运动可在晚上进行，可以与冥想或冥想音乐结合使用。

（4）力量训练。

力量训练可以提高肌肉力量，形成更好的身体姿态，有助于缓解身体不适和紧张感。可以使用自己的体重进行简单的力量训练，如俯卧撑、仰卧起坐和深蹲。此外，使用哑铃或健身器械进行适度的力量训练也是一种选择。建议力量训练每周进行 2～3 次，每次 15～30 分钟。

（5）规律性。

保持运动的规律性非常重要，尽量每周都在相同的时间进行运动，并遵循一份固定的运动计划。

（6）对患者在运动过程中提出的问题进行解答，科普运动知识。

第七节　运动主动健康在心理健康中的应用

运动主动健康是在充分考虑个体主观能动性的整体观指导下的运动健康医学。运动主动健康的方法论认为，治疗疾病和运动训练的机理一样，都是通过对人体施加可控的刺激（如训练），主动打破人体底层平衡态，激发人体微观系统产生自组织行为，促使宏观结构产生适应性变化，从而逆转疾病状态或使人体机能提高。主动运动作为增进身心健康的有效方式，已成为现代生活、社会文化生活中不可缺少的重要组成部分。主动运动以身体直接主动参与、动感鲜明的互动形式，成为人们改善心理健康的重要方式之一。运动可以改善个体的心理健康状态，提高个体的心理健康水平，调节情绪状态，消除心理障碍，提高社会适应性，具有其他治疗方式不可比拟的优势。

心理健康是从医学、心理学及社会学角度对心理状态的一种评价及定义，看待心理健康的角度不同会对其抱有不同的理解与想法。心理健康需要在身体、情绪、智力等方面保持良好的和谐关系，在人际交往的过程中，可以做到相互谦让，与他人的心理状态不发生冲突，从而获得一种幸福感。也有不少学者认为，心理健康并不是单指没有心理方面的疾病，还指一种持续存在且能在任何情况下都保持良好适应性的心理状态，是一种积极的、丰富的状态。心理健康的标准主要有以下几点：①智力正常；②人际关系和谐；③心理与行为符合年龄特征；

④了解自我，悦纳自我；⑤面对并接受现实；⑥能调节情绪，心境良好；⑦人格完整独立；⑧热爱生活，乐于学习和工作。

一、运动与心理的关系

在运动情境中，心理现象无处不在，它既伴随着人的身体活动而发生，又影响着身体活动。心理状态与运动主动健康之间的关系是一个复杂而多层次的话题。以下是根据多方面研究和资料整理的运动主动健康与心理之间关系的综述。

（一）身体活动促进心理健康的六项基本假说

美国学者考斯特在前人研究的基础上归纳总结，提出了身体活动促进心理健康原因的六项基本假说（见表3-1），试图从理论上揭示身体活动促进心理健康和身体锻炼产生心理效益的机制。六项基本假说是认知行为假说、社会交互作用假说、注意力转移假说、心血管功能假说、胺假说和内啡肽假说。前三种假说主要从心理学角度来说明身体活动和身体锻炼与心理健康的关系，后三种假说主要从生物化学角度来分析，但目前还没有一种假说可以为这种关系提供令人满意的全面解释。

表3-1　身体活动促进心理健康原因的六项基本假说

类别		基本假说
心理学分析	认知行为假说	可以诱发积极思维和情感，从而对抑郁、焦虑和困惑等消极心境具有抵抗作用。
	社会交互作用假说	锻炼中积极、愉快的社会交往和集体的健身活动更具有降低抑郁的作用。
	注意力转移假说	参与锻炼的机会，能够转移对自己的忧虑和挫折的注意力，从而使焦虑、抑郁等消极情绪出现短暂的下降。
生物化学分析	心血管功能假说	运动可增强心血管机能；增加心血管的收缩性和渗透性，良好的血液循环可使体温恒定，有助于保持神经纤维的正常传导。
	胺假说	运动可以刺激神经递质类化学物质分泌量的增加（如去甲肾上腺素、多巴胺等），对心理健康有促进作用。
	内啡肽假说	运动促进大脑分泌一种具有类吗啡作用的化学物质内啡肽，具有镇痛作用，并出现欣快感。内啡肽所引起的欣快感可降低抑郁、焦虑、困惑及其他消极情绪的程度。

（引自：刘淑惠，《体育运动与健康促进》，高等教育出版社，2004.6）

（二）运动对心理健康影响的生理学分析

当今社会，随着生活节奏的加快、社会竞争的加剧，以及多元文化和价值观冲突的加深，人们的心理问题日益突出。国民的心理健康问题已呈现出比生理健康问题更为突出的态势。精神不振、心理状态不佳所导致的神经功能紊乱、心理障碍等亚健康状况频发，且较难运用传统药物和现代临床技术在治疗上起到明显的效果。科学研究证明，运动能有效增强体质，在强健体格的同时，还有改善人的心理状态的可能机制。研究认为，其可能机制如下。

1. 转移不良情绪

人的忧虑、沮丧等不良情绪通常来自左脑半球的思维部分，而产生愉快情绪的区域主要在右脑半球。人在运动时，左脑半球逐渐受到抑制，右脑半球则逐渐活跃从而取得主导地位，因此，运动可使人忘掉忧虑不快，产生愉快的感觉。

2. 促进内啡肽释放

国外研究表明，适量的运动能增加脑的血流量，促进身体内内啡肽的释放。这种物质具有类吗啡作用，有镇静、镇痛的效果，能使人获得舒适畅快的情绪体验。这些成果为科学论证体育对心理的影响提供了理论依据。

3. 改善神经系统

运动能改善人的神经系统，调节大脑皮层的兴奋与抑制过程，增强大脑皮层神经系统的均衡性和灵活性，使本体感觉和空间感觉更加准确，提高脑细胞工作的耐力，促进人体感知能力的发展，使大脑思维想象的灵活性、协调性和反应速度等得以提高，很大程度上能缓解和改善生活与工作中出现的记忆模糊、错觉等认知障碍。体育运动常以团体或集体的形式开展，这一独特的社会互动形式，融合作、竞争、娱乐于一体，对于培养和发展人的意志、兴趣、情感、性格等品质有着得天独厚的优势。

4. 运动与情绪的关系

情绪状态的调控能力是衡量体育锻炼对心理健康影响的最主要指标。个体在复杂多变的社会环境中，常常会产生紧张、压抑、忧虑等不良情绪反应。抑郁症是一种压力和情绪失调的综合征，涉及额叶边缘网络的结构完整性受损。国外文献表明，运动是治疗抑郁症的一种可行的非药物治疗方法。与抗抑郁药物不同，运动的益处也可能在治疗结束后持续存在。

运动是人在大脑皮层主导下的随意运动，是从感觉开始，以心理活动为中介，至肌肉活动而告终的一种反射动作。这种感觉信息沟通通过脑干网状结构刺激大脑皮层的感觉、运动中枢，感觉中枢与运动中枢所产生的神经传导，通过支配骨骼肌的运动而实现。在此过程中也同时激活脑干网状结构，而网状结构又是情绪活动的重要结构，致使大脑皮层边缘系统必然要参与人的情绪活动。大脑皮层边缘系统是激发和调节情绪与行为的重要结构。在参与体育运动的过程中，必然伴随着强烈的情绪体验，运动过程中的兴趣激发，也就是人们从事运动的目的所在。因此，参加健身运动，尤其是参加那些自己喜爱和擅长的健身运动，可以使人从中得到乐趣，振奋精神，从而产生良好的情绪状态。运动可以使个体从烦恼和痛苦中摆脱出来，降低应激水平，增强处理应激情境的能力，这已成为不争的事实。

（三）主动运动产生的情绪体验

1. 主动运动的即刻效益

（1）改善心境状态。

心境是指具有感染力的微弱而较为持久的情绪状态。保持良好的心境状态是心理健康的重要标志之一。经常参与运动锻炼对维持良好的心境状态有积极作用。在国外的一项研究中，研究者对普通非职业跑步者进行了有关跑步心理方面的调查。研究发现，虽然许多受访者开始跑步是为了改善健康，但是几乎所有人都注意到跑步对精神和情感的好处，包括缓解紧张、改善自我形象和改善情绪。

（2）减轻焦虑症状。

焦虑是对当前或未来郁结的心理威胁所表现出的恐惧和不安的情绪状态。有研究报道，对焦虑症患者进行 1.5 ～ 2.9 代谢当量（metabolic equivalent，MET）的低强度训练组与 3.0 ～ 8.9 MET 的中强度 / 高强度训练组比较。研究显示，两个运动组的患者在训练后焦虑和抑郁症状都有较大改善，可见主动运动能在一定程度上减轻焦虑症患者的焦虑症状，且两组之间未发现效应量差异。

（3）缓解应激反应。

应激有三方面的含义，首先，指能提高焦虑和唤醒水平的任何情境；其次，指因觉察到情境的威胁而引发自主神经系统被唤醒的不愉快情绪反应，通常在个体感知到环境要求与自身反应能力不平衡时发生；最后，指身体器官对环境刺激的适应性反应。紧张是应激的一种反应形式。有研究机构曾开展过一项关于老年人肌肉紧张和焦虑的研究，通过比较身体活动对 10 名焦虑老年人镇静反应的影响，结果表明，身体活动的情绪效益并非自动产生，运动负荷必须适量，否则便无法产生心理效益。

2. 运动所产生的良好情绪体验

积极参加体育运动，人们会从内心的情感体验及对技能控制的自我效能感这两个维度上产生良好的情绪体验（见图 3-1），主要表现在三个方面，即最佳表现、高峰体验、流畅体验。

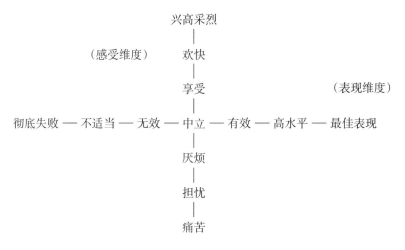

图 3-1 感受与表现模型

（引自：杨忠伟，《体育运动与健康促进》，高等教育出版社，2004.6）

（1）最佳表现。

最佳表现是指一个人在某项活动中的行为超越了其自身正常水平的现象，是在特定情境下超越自己平常能力的表现（如身体力量、运动才能、创造性表达等），代表着个体卓越的机能和出色的行为。它可以促进人们对特定任务的胜任感、个人能力的卓越感、对技能控制的自我效能感的形成。它渗透在个人生活的每个方面，会促使人们产生强烈的生活满意感和幸福感。

（2）高峰体验。

高峰体验是一种理想的内部体验状态，在这种状态中，人会忘我地全身心投入所从事的活动中，表现出高度专注地去从事该活动。这种状态包含着强烈的乐趣和从事活动时兴高采烈的情绪。其核心元素是享受，这种乐趣和兴高采烈的主观感受会影响人对生活的总体满意度。

（3）流畅体验。

流畅体验是在某项活动中，在个人能力与任务困难度相匹配时产生的内在享受，是一种强烈的自我意识和冲破外部阻力获得自由感的情感状态，是喜悦、乐趣和精神启迪，并由此产生控制感。流畅体验是个体生活中最兴奋、最满意和最有意义的时刻，能增加人的快乐感并提高心理健康水平和幸福感。

3. 运动干预对情绪改善的作用机制

现代社会激烈的竞争对个人心理品质带来了严峻的考验和更高的适应性要求。不少人由于不适应这种竞争而产生心理疾患，抑郁症是其中比较典型的一种。情绪状态与心理健康的关系，在人们的日常生活、工作中表现得最为直接和明显。

因情绪引发的抑郁症不仅困扰着患有严重精神疾病的人群，也困扰着普通人群。对抑郁症的传统治疗一般采用药物治疗与心理治疗的方法。这些方法费时、花费大，且见效不持久，长期的药物干预还会产生一定的副作用。这就促使人们寻求一种高效、无副作用、低花费的治疗方法。目前的研究指出，运动锻炼是传统治疗抑郁症的一种有效的辅助手段。研究发现，运动量的增加与抑郁症的风险呈负相关。有氧运动、抗阻运动和身心运动都可以改善抑郁症状，且被证明可以重塑抑郁症患者的大脑结构，激活相关大脑区域的功能，促进行为适应性改变，维持海马体和脑白质的完整性，从而改善抑郁症患者的大脑神经处理功能并延缓认知退化。

（1）运动"场效应"的抗抑郁效能。

抑郁是以压抑为主导的情绪状态，临床表现特点为悲观、悲伤、无助、低自尊、绝望、轻度疲劳、易怒、优柔寡断、交往回避和厌世，而体育运动是以兴奋和充满活力为特点的活动（如高峰表现、流畅体验、锻炼快感），尤其是有氧锻炼，伴随着血流量和吸氧量的增加，同时刺激肾上腺素的分泌，具有消除焦虑、抗抑郁的作用。从社会学的角度，运动的"场效应"增加了人与人之间的交往，使个体能体验更多竞争、失败、成功的感受，有助于个体身体认知和自我概念的提高，产生更为积极的自我评价和更为强烈的个人控制感。

（2）适宜的运动有助于建立适应和对抗应激的自我保护机制。

心血管系统的反应变化是应激反应的重要表现；肌肉紧张是应激的信号。适宜的身体活动，放松肌肉，可降低应激和紧张的生理反应。通过神经－体液的调节作用来缓冲应激、释放紧张，同时，体质强健更有助于提高机体在应激状态下的适应能力。

（3）身体活动是提高自尊、改善心境的最佳手段。

健康的心理状态，强调人对自我和过去生活的认可与接纳，并清楚地认识现实自我与理想自我之间的关系。健康的心理状态在一定程度上依赖于积极的自我评价，以及各种愉快且自主支配的活动，从而使人对未来活动充满期望，进而形成自尊。自尊代表人们的需要和自我意识（见图3-2）的积极程度，这也是最能标示和影响情绪与生活调节状况的个性变量。这种自我知觉的变化对情绪的调控有着积极的作用。

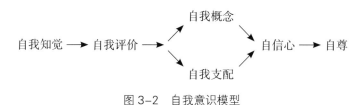

图 3-2　自我意识模型

运动本身蕴藏着对人的各种刺激，如克服困难、竞争、冒险、把握机会、追求不确定结果、达到目标、控制、成功、挫折等，能产生丰富的情绪体验。通过对中国大学生身体自尊影响的荟萃分析，可得出结论：有氧运动可以有效提高中国大学生的身体自尊。在运动中，男生追求的是运动能力和身体素质，女生追求的是身体自我价值感和身体吸引力。有氧运动对肥胖大学生的身体自尊有更大的提高作用。有氧运动和舞蹈对于提高身体自尊来说是最具成本效益的活动之一。相对于低强度运动，中等强度运动对身体自尊的干预更有效。单次90分钟的锻炼比单次30分钟的锻炼更能有效增强身体自尊，并且16周的干预持续时间比10周更有效。体育运动鼓励人们通过自身能力检验面对新挑战时的应对能力，这在多项研究中都获得了趋于一致的结果。

二、主动运动对心理疾病的干预策略

我国古代医学著作中有很多关于身心关系的描述，如《吕氏春秋·尽数》中指出："流水不腐，户枢不蝼，动也。形气亦然。形不动则精不流，精不流则气郁。"这主要阐明了运动有益于身体和精神健康，以及身体和精神的相互依赖关系，即通过身体活动让人亲近自然，抒发情绪，起到调节心理的作用。运动主动健康在心理健康中发挥着重要作用，因为运动对心理健康有积极影响。以下是两种心理疾病的预防及干预方案。

（一）抑郁症

抑郁症的主要临床特征有显著持久的心境低落、自卑抑郁、多思心结、悲痛欲绝、食欲减退或增加、躯体不适、悲观厌世等表现。患者伴有长期情绪与其处境不相称的心境体验，严重者会出现幻觉、妄想、被害妄想等精神症状，甚至导致自残或自杀等行为。

1.预防及干预方案

用户端的个人健康数据采集方式同前文所述。通过基础量表调查和健康检查对抑郁症患者进行全面综合的全身情况评定，一般包括机体的体能状况和代谢能力、肌肉力量和关节活动度、心血管系统和呼吸系统的功能状况、日常生活的活动能力、心理和智能发展水平等方面的评定内容。健康检查的内容主要有形态测量、体脂测定及运动试验等项目。通过平台或面对面的方式为患者提供心理指导、运动指导服务，根据个人健康状况和身体素质制订相应的运动预防及干预方案。

2.基本运动处方

运动项目：五禽戏、有氧健身操及交谊舞。

辅助运动：太极拳、步行、慢跑、球类活动及徒手体操等。

运动强度：中、小运动强度，心率控制在 132～158 次 / 分。

运动时间：每次 30～60 分钟。

运动频度：3～4 次 / 周，持续 8～15 周。

（二）广泛性焦虑症

广泛性焦虑症是临床常见的神经症之一，也是一种慢性进展性的精神障碍。广泛性焦虑的表现有焦虑和烦恼、运动性不安、自主神经系统反应过强及过度警觉等症状。

1.预防及干预方案

通过 "3+1+2" 主动健康信息平台与可穿戴设备深度融合，利用人工智能技术，实时抓取数据，进行分析、预警、反馈，形成院外、院内全闭环的随访管理。医务人员可利用平台资源，向患者及公众讲解如何正确佩戴与使用可穿戴设备，以及这些设备如何助力早期发现健康风险。详细介绍主动健康信息平台的功能，展示数据如何被人工智能分析，从而提供个性化的健康预警与建议。针对确诊的广泛性焦虑症患者，医生通过汉密尔顿焦虑量表进行测评，采用交谈与观察的方式，检查结束后评分。要根据患者的个人特点，有针对性地确定心理建议、运动目的、选择运动类别、制订运动负荷及确定运动时间。

2. 基本运动处方

（1）小运动量组。

运动项目包括快走、慢跑和放松训练等。60% 左右的最大心率，即相当于最大吸氧量的 40% 左右，30 分 / 次，3 次 / 周。要求每组运动后 5 分钟内心率恢复到运动前的心率。

（2）中等运动量组。

运动项目包括长跑、有氧健身操、跳绳练习等，在开始阶段运动强度稍低，从 50% 左右的最大心率开始，逐步递增。1～2 周后运动强度保持在最大吸氧量的 50%～60%，相当于最大心率的 65%～75%；每组运动包括准备活动 10 分钟，基本部分 50 分钟，放松部分 10 分钟。要求每组运动后 5 分钟内心率较运动前快 2～5 次 /10 秒。

（3）大运动量组。

运动项目包括长跑、快速跳绳及打沙袋等强度大、速度快、幅度适中的练习，在开始阶段运动强度稍低，从 50% 左右的最大心率开始逐步递增。1～2 周后运动强度保持在最大吸氧量的 70%～80%，相当于最大心率的 80%～90%；每组运动包括准备活动 10 分钟，基本部分 50 分钟，放松部分 15 分钟。运动后做充分的放松练习，让心理和生理得到充分松弛。要求每组运动后 5 分钟心率较运动前快 6～9 次 /10 秒。

治疗过程中，以往的饮食、药物和心理治疗、锻炼习惯保持不变。要求实施每周运动计划至少 6 个月。

第八节　运动主动健康在五官健康中的应用

　　五官健康是人的全面发展、社会可持续发展、经济繁荣昌盛的重要基础。目前，我国在五官健康领域已经取得了显著成效，公众健康水平和健康素养明显提高，卫生服务体系持续健全和完善。然而，随着新技术的发展与生活方式的变革，人民群众也面临着一些新的挑战。例如，我国五官疾患人口比例增加，近视眼、耳聋、耳鸣、鼻炎和咽炎等慢性病的患病率持续增高。生活习惯的改变、公众日益增长的卫生服务需求等，给健康中国建设带来了一系列新的挑战。有效应对这些挑战亟须创新健康服务模式。既往我国医疗卫生健康服务主要是以广大医疗机构为服务主体，以各类患病人群为服务对象，以疾病诊疗服务为主要服务内容的一种"被动"服务模式。随着变革性新技术的应用和经济社会的快速发展，健康需求已越来越成为驱动未来经济增长的核心驱动力，"主动健康"这一新的服务模式应运而生。因此，本节旨在阐述运动主动健康在五官健康中的应用。

　　中医经典《黄帝内经》曰："心开窍于舌，脾开窍于口，肺开窍于鼻，肝开窍于目，肾开窍于耳。"这就表明，五官能直接反映人体五脏的健康状况，因此我们要做好五官的主动健康防治。主动运动对五官健康有着积极的影响，具体应用如下。

一、眼睛运动主动健康

　　视觉系统是我们日常生活中最常使用的感官系统。如何保护好我们的视力呢？中医认为，调节眼部的血液循环、营养供应，并保持眼部清洁都是保护视力的重要手段。眼部主动运动是维持眼部健康的关键。主动运动可以促进眼部血液循环，提高眼睛的灵活性和敏锐度，有助于预防近视和缓解眼部疲劳。例如，眼保健操和按摩可以帮助缓解眼部疲劳，利于保护视力。

　　长时间用眼过度，会使眼睛经常处于紧张状态，久而久之就成了近视眼。眼保健操是根据造成近视的成因，运用医学中的推拿、穴位按摩等方法，综合而成的预防近视措施。在人体中，经络系统与血液循环系统相似，也是分布于全身的。如果人体某个部位出现障碍，就会引发疾病。眼保健操的穴位按摩能起到排除障碍的作用，使经络疏通，属于物理疗法。这种轻柔的穴位按摩刺激，可以通

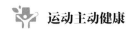

过神经反射，加强人体组织的新陈代谢，改善血液循环，消除和缓解眼部紧张，恢复生理机能，从而起到预防眼疾的作用。

（一）运目法

两脚分开与肩同宽，挺胸站立，头稍仰，尽量使眼球不停转动，顺时针转动10次，逆时针转动10次，放松肌肉，再重复上述动作3次，醒脑明目。

（二）极目法

双眼平视远方一个目标，再慢慢将视线收回，到距眼睛35 cm 距离时，再将视线由近到远转移到原来的目标，如此反复数次，再进行深呼吸，可以调节眼睛的功能。

（三）眼部健康操

第一节：按揉耳垂眼穴，脚趾抓地。用双手大拇指和食指的螺纹面捏住耳垂正中的眼穴，其余三指自然并拢弯曲，用大拇指和食指有节奏地揉捏穴位，同时用双脚全部脚趾做抓地运动，每次3～5下，循序渐进。

第二节：按揉太阳穴，刮拭上眼眶。用双手大拇指的螺纹面分别按在两侧太阳穴上，其余手指自然放松弯曲，先用大拇指按揉太阳穴，揉4圈；然后大拇指不动，双手食指的第二关节内侧稍加用力，从眉头刮至眉梢，每圈刮1次，连刮2次，如此交替做4次。

第三节：按揉四白穴。用双手食指螺纹面分别按在两侧穴位上，大拇指抵在下颌凹陷处，其余手指自然放松、握起，呈空心拳状，每次6～8下。

第四节：按揉风池穴。用双手食指和中指的螺纹面分别按在两侧穴位上，其余三指自然放松，每次8～10下。

第五节：按头部督脉穴。双手屈曲状按压在头部强间穴、后顶穴、百汇穴、前顶穴及神庭穴上4次，从前往后，手指放松。每次3～5下，循序渐进。

运动频率：每日1～2次，每次15～20分钟。

二、鼻部运动主动健康

主动运动可以增强呼吸系统的功能，有助于保持鼻腔的通畅和清洁，能够使鼻腔的血流通畅，促进鼻子局部气血运行通畅，还具有润肺的功效。例如，深呼吸和鼻呼吸的训练可以增强鼻腔肌肉的张力与耐力和提高呼吸效率。以下是科学的鼻部肌肉训练方法，每天坚持锻炼，可防治鼻炎等多种疾病。

鼻保健操的手法。

取舒适坐姿，上身挺正，眼睛平视，双手掌摩擦暖后按摩，动作轻柔，旋转按压，力度以中等无痛感为佳。

第一节：按摩风池穴。用双侧拇指按摩风池穴，其余四指可自然放于头部，按摩4个8拍（旋转1次为1拍）。

第二节：按摩百会穴。用左手或右手的食指和中指并拢按摩百会穴，共4个8拍。

第三节：按摩太阳穴。双手食指和中指并拢按摩太阳穴，共2个8拍。

第四节：按摩印堂穴和太阳穴。食指和中指并拢，先按摩印堂穴，然后顺着眉弓滑动推压至太阳穴，共2个8拍。

第五节：按摩睛明穴。用双手食指同时按摩睛明穴，共2个8拍。

第六节：按摩迎香穴。用双手食指同时按摩迎香穴，共2个8拍。

第七节：按摩睛明穴、迎香穴。用双侧手掌小鱼际部位上下往返按摩睛明和迎香2个穴位，共2个8拍。

第八节：按摩面部。手指伸直并拢，手掌搓暖后用掌面从内至外按摩面部，直至面部有温热感，共2个8拍。

三、耳部运动主动健康

听觉系统是我们与外界沟通交流的重要途径，也是人们最容易受到干扰的感官系统之一。保持听觉系统的健康可以预防耳鸣、听力下降等问题。适度运动可以促进耳部血液循环，有助于预防耳聋和耳鸣。同时，定期进行耳部按摩和拉伸也可以促进耳部健康。

（一）耳部运动

耳部的练习不但要锻炼耳的外形，还要注意耳膜的练习。当发出"嘶"的声音时，能打通肺的经络；"嚯"——心脏的经络；"呼"——脾脏的经络；"嘻"——肝脏的经络；"噢"——肾脏的经络。毫无疑问，当我们发出这些声音的时候，耳朵和耳膜也在微微地颤动，这就是良好的间接运动形式。与此同时，我们也要远离噪声。长期处于嘈杂的环境中容易导致听力下降、耳鸣等问题，因此应尽量避免噪声污染。在嘈杂的环境中，可以佩戴耳塞或耳机，能有效减轻噪声对听觉系统的影响。

（二）护耳养生操

用双手手掌把耳朵由后面带动耳廓向前扫，紧接着再回过来时带动耳廓向后扫，具体操作如下。

1. 按压听宫穴

顺时针、逆时针各按压听宫穴 30 次。

2. 拨鼓膜

双手掌心搓热后压住外耳道口，随后迅速打开，如此重复 30 次为 1 组，每天可做 1～2 组。

3. 鸣天鼓

左右掌心压住耳道口，手指放在枕部，两手食指在中指上弹压，做 30 次为 1 组，每天可做 1～2 组。

（三）练习听力

适当的听力训练可以提高听觉系统的适应能力，保持听力健康。可以选择听力游戏、听力测试等方式进行训练，也可以通过听音乐、听有声书等方式来锻炼听力。

四、口腔运动主动健康

主动运动可以促进口腔内部的血液循环，有助于预防口腔疾病和牙龈问题。此外，适当的口腔运动也可以增强口腔肌肉的力量和灵活性。

（一）护舌养生操

每天早晨洗漱后对着镜子，舌头伸出与缩回，各做 10 次，然后舌头在嘴巴外面向左右各摆动 5 次。此法可加强内脏各部位的功能，有助于食物的消化吸收和强身健体。同时，饮食注意少辛辣，戒烟，及时消炎祛痰。

（二）牙齿养生保健操

有节奏地叩击上下牙齿，一般先叩两侧槽牙 40 次左右，然后再叩门牙 30 ～ 40 次，每日 3 次。此法能坚齿固齿，防止牙齿松动和脱落，还能活动面部肌群，促进面部血液循环。

（三）口、舌、齿联合运动

研究显示，对张口功能进行有针对性的锻炼，能有效降低鼻咽癌患者放射治疗后张口困难的发生率。其实口部的锻炼益处还远不止这些。有学者报道："舌头是大脑的先行器官。舌神经从大脑出发，味觉通过面神经传递到大脑。因此，为了防止大脑萎缩，应当经常活动舌头，这能间接地对大脑进行刺激。"另有学者报道："经常运动舌头，能够使内脏功能加强；有助于食物消化与吸收；有助于缓解高血压病、脑梗死及老年性痴呆等疾病；降低口腔疾病发病率；锻炼面部肌肉变得容光焕发，从而起到强身健体和延缓衰老的作用。"此外，还有学者报道："经常进行齿运动，能够使牙齿和牙龈更健康；促进消化吸收；改善胃口；锻炼面部肌肉；加强咀嚼力。"从相关研究中可以发现，有针对性的口、舌、齿运动，不仅有利于其本身器官的健康，更有利于所对应的内脏器官及相关经络和神经的健康，其附带的健康价值可见一斑。

（四）注意事项

1. 勤运动

最适合牙齿的运动是嚼无糖口香糖，不仅可以清洁口腔，还可以锻炼牙齿和咀嚼肌。

2. 常清洁

要养成良好的刷牙习惯，每天早晚各 1 次。吃完东西要漱口，少吃零食，尤其是各类甜食。

3. 补营养

牙齿最需要补充的元素是氟，健康所需的氟主要存在于天然矿泉水、海鱼、茶和蔬菜中。另外，每天一杯奶，对牙齿的坚固和美白都有好处。

4. 早治疗

牙齿生病的危险性不仅表现在疼痛上，更会对其他器官造成影响。食物咀嚼不好，容易造成消化不良；口腔清洁出现问题，滋生细菌，吃进肚子里可能引发各种疾病。而且一颗牙齿出现问题，如果不及早治疗，很可能会波及其他牙齿。因此，一旦发现牙齿出现问题，应立即去医院接受治疗。

第九节 运动主动健康在腺体系统中的应用

我们常说，没有激素就没有生命。虽然激素在人体内的含量非常少，但是其作用却非常强大，是高效能的生物活性物质。激素调节着人的生长、发育、衰老、疾病及死亡的过程。人体内共有"八大腺体"，即人体内能合成和分泌重要激素的八大内分泌腺体。这些腺体包括位于脑部的脑垂体和松果体；位于颈部的甲状腺和甲状旁腺；位于胸部心脏附近的胸腺；位于两侧肾脏上方的肾上腺；位于腹部能分泌胰岛素的胰腺；以及分泌性激素的性腺，男性的性腺是睾丸，女性的性腺是卵巢。八大腺体合成和分泌人体所需的重要激素，如果激素停止分泌，生命就难以维持。在调节激素平衡时，常从八大腺体入手，因为二者存在密不可分的关系。

一、脑垂体

脑垂体是一个非常重要的腺体，被称为八大腺体的总司令。下丘脑直接调控这个腺体，使其产生各种不同的激素，并将这些激素的"消息"传递到全身各部位。

当脑垂体功能失常时，人体便会产生许多疾病，身体会往不正常的方向发展，或者变得很胖，或者过高，或者过于矮小等。巨人症及侏儒症，就是由于脑垂体功能失常所导致的。

主动运动，尤其是有氧运动和力量训练，对脑垂体的影响主要表现在调节激素分泌上，其影响主要集中在以下三个方面。

（一）生长激素

运动可以刺激脑垂体分泌生长激素，这种激素可以帮助维持肌肉、骨骼和软组织的健康，并有助于伤病的恢复和缓解训练后的疲劳。

（二）促肾上腺皮质激素

运动也可以刺激促肾上腺皮质激素的分泌，该激素进一步刺激肾上腺皮质分泌皮质醇以应对身体的压力反应，包括运动带来的生理压力。

（三）其他激素

经常运动还能影响脑垂体分泌的其他激素，包括垂体促性腺激素和垂体促甲状腺激素等，这些激素的平衡对于身体的整体健康非常重要。

二、松果体

松果体（又称肉眼、第三只眼），一般认为它是我们的生物钟，我们身体的规律性活动都和它有关，包括生活规律、工作规律，甚至女性的生理周期。

松果体能分泌微量激素，且足以影响身体所有器官。目前已能分离的激素叫褪黑素，它可以延缓衰老，提高人体免疫力，使人具有宇宙感，增强个体对痛苦的忍受力，降低性冲动，提高睡眠质量等。褪黑素的分泌受环境因素（如光线）的调节，并能转化为神经内分泌的反应。当我们睡得愈深沉的时候，松果体分泌的褪黑素就愈多。松果体同褪黑素还和人体皮肤的色素有关，这也就是为什么人睡眠充足的时候，皮肤也会显得比较白皙有光泽。

总的来说，主动运动对松果体的功能有积极的影响，它可以调节松果体分泌褪黑素，有助于人体形成规律的生物钟和睡眠 – 觉醒周期，而且还能改善松果体的生理功能，保护其不受损害。

（一）主动运动和松果体的生理关系

经常运动可以影响松果体的生理机能。主动运动可以促使血液循环加快，改善机体各部位，包括松果体的血液供应，对松果体的正常生理功能有积极的促进作用。同时，一些研究表明，运动能够增加抗氧化酶的活性，可能对松果体有保护作用。

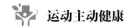

（二）主动运动和光照对松果体的影响

主动运动，尤其是户外运动，会增加人体对光照的暴露程度。光照是影响褪黑素分泌的重要因素之一。在光线明亮的白天，松果体分泌的褪黑素较少；反之，在黑暗的环境中，松果体会分泌更多的褪黑素，促使人体进入睡眠状态。通过合理安排运动时间，可以帮助调整生物钟，提高睡眠质量。

（三）主动运动和压力对松果体的影响

运动能够帮助减轻人体的压力反应。当身体处于压力状态时，松果体的功能也可能受到影响，如褪黑素的分泌可能会被打乱。经常做运动，特别是一些放松的运动，如瑜伽、太极拳等，能够帮助人体缓解压力，维持松果体的正常功能。

三、甲状腺

颈部的甲状腺控制身体新陈代谢的功能，此外也能调节身体产生的热量和能量，促进消化及生长。若是甲状腺分泌不正常，身心的健康都会受到严重的影响。如果甲状腺素分泌稍多，就会感到紧张、躁怒等。如果分泌过多，则会出现神经质、颤抖、消化不良及失眠等症状，从而迅速消瘦，这就叫甲亢。反之，如果甲状腺素分泌稍少些，就会疲倦、昏昏欲睡、手脚冰凉等，这叫甲减。如果分泌过少，则行动缓慢，脉搏和心跳迟缓，体温下降，怕冷畏寒，说话口齿不清，反应迟钝，身体发胖。

主动运动对甲状腺的影响主要集中在以下四个方面。

（一）促进新陈代谢

运动可刺激人体基础代谢率的提升，这一过程中甲状腺的作用很大。甲状腺分泌的激素可以促进新陈代谢，运动有助于甲状腺激素的有效利用，使新陈代谢更为活跃。

（二）增强免疫力

运动可以增强人体的免疫力，降低人体免疫性甲状腺疾病的发病率。免疫力的提高，可以帮助保护甲状腺，防止免疫系统攻击甲状腺。

（三）缓解压力

运动是一种天然的压力缓解方式。研究发现，长期处于压力状态可能对甲状腺功能产生不良影响。定期运动可以帮助缓解压力，从而对保持甲状腺正常功能有所帮助。

（四）减轻体重

运动可以帮助减轻体重，对于那些由于甲状腺功能减退而体重增加的人来说，运动可以帮助他们恢复到一个更健康的体重。

四、甲状旁腺

甲状旁腺控制血液中的钙含量，负责骨骼的正常成长，补充骨骼需要的钙。此外，神经的作用受血液钙含量的影响很大。如果钙含量太少，我们会变得紧张、冲动且易怒；如果钙含量太多，我们便会昏昏欲睡，无精打采。因此，甲状旁腺对骨骼的发育和神经系统的正常功能，都有重要的影响。中老年人为什么容易出现骨质疏松等症状？就是由于甲状旁腺的功能下降，导致人体钙的吸收出现问题！因此，人进入 40 岁以后一定要注意甲状旁腺的健康。

主动运动对甲状旁腺有下列影响：

（1）有一些研究指出，适量的运动可以通过提高身体对钙的需求，从而激发甲状旁腺的活动，有助于维持血液中钙和磷的平衡。

（2）运动对骨骼健康的积极影响，可能间接地与甲状旁腺的功能有关。运动可以改善骨密度和骨质，增加对钙的需求，从而刺激甲状旁腺的活动。

五、胸腺

胸腺是人体重要的淋巴器官，其功能与免疫紧密相关，主要分泌胸腺激素及激素类物质，是具有内分泌功能的器官。胚胎后期及初生时，人体胸腺重 10 ～ 15 克，是一生中重量相对最大的时期。随着年龄增长，胸腺继续发育，到青春期达到 30 ～ 40 克。此后，胸腺逐渐退化，淋巴细胞减少，脂肪组织增多，至老年仅重 15 克。胸腺位于心脏附近的胸骨柄后面，于胎儿时期最为活跃，其分泌的胸腺生成素建立起人体的免疫系统。胸腺的基本功能是为每一个细胞打上能够辨识的记号，防止免疫细胞攻击并摧毁我们自身的细胞，使身体能够抵御疾病。所以说，胸腺管理着人体的免疫系统。如果胸腺功能下降，人们就容易生病。在医院里，医生建议经常感冒的人注射一种叫胸腺肽的药物。但是，长期注射胸腺肽，人体自身的胸腺分泌胸腺肽的功能会逐渐减弱。因此，人们又称胸腺为感冒的遥控器，容易感冒的人平时一定要注意胸腺的保养。

主动运动可以对胸腺产生以下四个方面的影响。

（一）增强免疫力

主动运动可以增加人体 T 淋巴细胞的数量和活性，从而增强人体免疫力。

（二）延缓衰老

随着年龄的增长，胸腺会自然萎缩，这会导致免疫功能下降。但是，适量的运动可以延缓胸腺的衰老过程，有助于维持正常的免疫功能。

（三）缓解压力

长时间的压力会导致人体免疫系统功能下降，对胸腺的分泌功能有负面影响。做一些放松的运动能够帮助人体缓解压力，对维持胸腺和免疫系统的正常功能有所帮助。

（四）改善睡眠

良好的睡眠有助于增强胸腺等免疫系统的功能。主动运动可以调节生物钟，提高睡眠质量，有助于维持胸腺的正常功能。

六、肾上腺

肾上腺位于肾脏的上方，它能使身体迅速发热。肾上腺在紧急事件发生时尤为重要，能在面临危险或急迫事件时，比如在和敌人作战、解救即将溺水死亡的小孩及逃离火灾等情况下，肾上腺会立即分泌肾上腺素至血液中。肾上腺素能使心跳加速、血管扩张，随着血液流入肌肉，肌肉能从陡增的血液中获得更多的能量，充分发挥工作效率。肾上腺素能够刺激汗腺分泌汗液，因此虽是突然地用力使身体变热，但也能通过出汗来散热。

此外，肾上腺素也同时传递信号到肝脏，使肝脏释放它储藏的糖到血液中，以供身体所需的额外热能。如果肾上腺素分泌过少，那么在危险、紧迫时的适应能力就大大地降低了。反之，若分泌过多，则身心将一直处于紧张的状态中。肾上腺素也叫"压力激素"，人如果感到工作压力大，生活压力大，就是肾上腺功能下降了，这时要注意调节肾上腺的功能。

主动运动对肾上腺具有下列四个方面的影响。

（一）激发应激反应

在运动时，身体会认为自己处于一种应激状态，因此肾上腺会分泌肾上腺素和去甲肾上腺素，可以使心跳加速、血管收缩和血糖升高，以供能更高强度的身体活动。

（二）调节免疫系统

运动会导致肾上腺分泌皮质醇。虽然短期内这种反应有利于抗应激，但长期处于高皮质醇状态可能会导致免疫系统受损，增加感染风险。

（三）影响血压和血糖

运动会使肾上腺释放激素，导致血压升高和血糖升高。虽然这是身体在响应运动时的正常反应，但是如果过度运动或进行不恰当的运动，可能会对心脏和血糖控制产生负面影响。

（四）缓解应激反应

虽然运动能刺激肾上腺分泌，但适量运动能缓解应激反应、提高睡眠质量和提升心情，维护身体健康。

七、胰腺

胰腺散布于胰脏消化腺泡之间，它分泌一种叫作胰岛素的激素。胰岛素可降低血液中糖的含量。如果胰岛素缺乏，血糖增高，部分糖会随尿排出，形成糖尿，即糖尿病。反之，如果胰岛素分泌过多，则会出现血糖过低的病症，比如虚弱、颤抖、昏眩、神经紧张及心绪不宁等。

胰岛素分泌过多，人体特别容易发胖，就是我们所说的"喝水都发胖"，减肥之后也特别容易反弹。还有的人体重不重，但是腿粗、胳膊粗或腰粗，就是由胰岛素分泌异常引起的脂肪分布不均。因此，这类人平时只要注意胰腺功能的调节，过了半年左右就会发现身材发生了明显的变化。

主动运动对胰腺有一定的影响，主要体现在以下三个方面。

（一）提高胰岛素敏感度

长期的、有规律的运动可以提高身体对胰岛素的敏感度，也就是说，能够帮助胰岛素更好地发挥作用，从而降低血糖。这对预防和控制 2 型糖尿病非常重要。

（二）降低患胰腺炎的风险

不健康的饮食习惯，如高脂肪、高糖的饮食，以及缺乏运动都可能增加患胰腺炎的风险。通过运动，人们可以改善这些不良的生活习惯，从而降低患胰腺炎的风险。

（三）预防胰腺癌

一些研究发现，长期的、有规律的运动可能可以降低患胰腺癌的风险，不过目前这一领域的研究还不够充分。

需要注意的是，如果已经出现胰腺疾病，如胰腺炎、胰岛素抵抗或糖尿病等，需要在医生的指导下进行合理的运动。同时，运动只是保持胰腺健康的一部分，健康的饮食、良好的生活习惯及定期的体检等也同样重要。

八、性腺

女性性腺分泌有三种激素，即雄激素、雌激素和孕激素。很多人认为只有男性才会分泌雄激素，这是错误的。不论男女，他们的体内均会产生雄激素和雌激素，不过是男性产生的雄激素多些，而女性产生的雌激素多些。此类激素关系着男性与女性的体态，如果这些性激素的比例失常，则女性会变得男性化，而男性也会变得女性化。雄激素不但能增加肌肉的能量，赋予人创造力、性能力和体力，而且和人的性欲有直接关系。这也是为什么有的女人虽然很漂亮，但是却性冷淡，且经常感到体力不支，走一小段路都会觉得累，就是因为体内分泌的雄激素过少。而雌激素能增加身体脂肪的含量，使人情感丰富、思绪细腻。雌激素也被称为"美丽激素"，雌激素分泌多的女性一般都是皮肤细腻、毛孔比较细，乳房丰满。女性还有一种特有的激素就是孕激素，它主管着生育。孕激素和雌激素是成反比的，孕激素高的时候，雌激素就低，反过来也这样。性腺如畅通无阻，就能迸发出更旺盛的生命力；如性腺激素不平衡，女性就开始衰老；当激素平衡，女性的魅力自然得以展现。

主动运动对性腺也会产生一些影响，主要包括以下三个方面。

（一）提高性激素水平

科学研究发现，规律运动对增加性激素分泌，提高性激素水平是有帮助的。这对于保障良好的生育能力和提升人们的性欲是有益的。实际上，运动对增加性激素分泌的效果在男性和女性中均存在。

（二）保护前列腺健康

有研究发现，适度运动可以降低患前列腺癌的风险，保护前列腺健康。

（三）保障基本生育能力

适度运动有助于维护性腺正常功能，降低不良因素对生育能力的潜在影响。然而，同其他身体系统一样，运动对性腺的影响与运动的强度、频率和类型有关。适度的运动对性腺的影响是有益的，但过度的运动可能对性腺产生负面影响，如导致女性月经周期紊乱、男性精子质量下降等。

九、主动运动干预

八大腺体是一个系统互联的整体，分布在我们身体的关键部位。只有全身性的运动才能调动各腺体的激素分泌，保证我们的身体健康所需的生化反应。因此，我们应通过日常的整体运动主动健康充分调动腺体协调运转。那么，日常的哪些主动运动对保护我们的腺体有帮助呢？

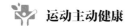

（一）有氧运动

每周至少进行 4 ～ 6 天的有氧运动，强度为中、高强度，比如跑跳运动、耐力运动等。如进行抗阻运动，则每周应进行 2 ～ 3 天的训练。

（二）力量训练

无运动习惯的人从 60% ～ 70%1-RM 开始，有运动习惯的人从 80%1-RM 开始，进行 2 ～ 4 组训练，每组 8 ～ 12 次重复。

（三）耐力训练

运动强度应控制在 50%1-RM 以下，进行 1 ～ 2 组训练，每组重复 15 ～ 20 次。柔韧性练习，每周至少进行 2 ～ 3 次，最好每天进行。

（四）柔韧性练习

每次拉伸至感觉紧张或有轻度不适就可以停止，继续扩大拉伸范围，同时保持静态拉伸 10 ～ 30 秒。每个动作重复 2 ～ 4 次。在柔韧性练习中，静态拉伸、动态拉伸或 RNF 拉伸都是可做的。参与者可以根据自身的水平及周围环境条件自由选择。

运动强度以运动时出现不适症状为限。理想的运动频率是每周 3 ～ 5 天。理想的运动持续时间是每次 20 ～ 30 分钟，避免长时间高强度运动。

第四章

运动主动健康新型技术的应用

运动主动健康新型技术会从性别、年龄及身体指标等多个维度采集不同数据并整合处理，结合临床医学知识对不同人群进行筛查，完善运动主动健康新型技术的数据模型，实现更加精准、适用的数据采集和筛查。

第一节　身体数据采集和健康问题筛查

在应用运动主动健康新技术前，需要使用者按步骤进行信息填报。后台根据使用者的信息将人群分类，推送并给予更专业和实用的主动健康内容。具体信息如下：

性别：男 / 女。

年龄：18 岁以下为未成年组；18 ～ 44 岁为青年人组；45 ～ 59 岁为中年人组；60 岁以上为老年人组。

身高：参照教育部发布的 2022 年版 0 ～ 18 岁标准身高体重对照表。

体重：参照教育部发布的 2022 年版 0 ～ 18 岁标准身高体重对照表。

BMI（Body Mass Index）指数：即身体质量指数，国际上常用作衡量人体肥胖程度的重要标准。用人体体重与身高两个数值通过计算公式得出，BMI 指数（kg/m^2）= 体重（kg）÷（身高 × 身高）（m）。根据世界卫生组织给出的标准，我国制定了中国参考标准：BMI 指数 < 18.5 kg/m^2 为体重过轻，18.5 kg/m^2 ≤ BMI 指数 ≤ 23.9 kg/m^2 为体重健康，24 kg/m^2 ≤ BMI 指数 ≤ 27.9 kg/m^2 为体重超标，BMI 指数 ≥ 28 kg/m^2 为肥胖。

血压：成年人正常血压为 140/90 mmHg 或以下，160/95 mmHg 或以上为高血压，临界性高血压介于两者之间。如果连续 3 天早晨起床前测得血压超过 160/95 mmHg，就可以被诊断为高血压。

血氧饱和度：血氧饱和度是血液中与氧结合的氧合血红蛋白的容量占全部可结合的血红蛋白容量的百分比，即血液中血氧的浓度，它是呼吸循环系统的重要生理参数。而功能性氧饱和度为氧合血红蛋白浓度与（氧合血红蛋白浓度 + 还原血红蛋白浓度）之比，有别于氧合血红蛋白所占的百分数。因此，监测动脉血氧饱和度可以对肺的氧合和血红蛋白的携氧能力进行评估。正常人体动脉血的血氧饱和度为 98%，静脉血的血氧饱和度为 75%。

心率：心率是指正常人安静状态下每分钟心跳的次数，也叫安静心率，一般为 60 ～ 100 次 / 分，可因年龄、性别或其他生理因素产生个体差异。一般来说，年龄越小，心率越快，老年人心率比年轻人慢，女性的心率比同龄男性快，这些都是正常的生理现象。安静状态下，成年人正常心率为 60 ～ 100 次 / 分，理想心率为 55 ～ 70 次 / 分（运动员的心率较普通成人偏慢，一般为 50 次 / 分左右）。成年人安静时心率超过 100 次 / 分（一般不超过 160 次 / 分），称为窦性心动过速，常见于兴奋、激动、吸烟、饮酒、喝浓茶或咖啡后；或见于感染、发热、休克、贫血、缺氧、甲亢及心力衰竭等病理状态；或见于应用阿托品、肾上腺素和麻黄素等药物后。成年人安静时心率低于 60 次 / 分（一般在 45 次 / 分以上），称为窦性心动过缓，可见于长期从事重体力劳动的人群和运动员；或见于甲状腺功能低下、颅内压增高、阻塞性黄疸及洋地黄、奎尼丁或普萘洛尔类药物过量的患者。如果心率低于 40 次 / 分，那么应考虑有病态窦房结综合征、房室传导阻滞等情况。如果脉搏强弱不等、不齐且脉率低于心率，那么应考虑心房纤颤。

血糖：18 岁以下的青少年新陈代谢旺盛，因此，针对这类人群的血糖标准特别严格，空腹血糖值应该保持在 4.4 ～ 6.1 mmol/L 之间；对于 18 ～ 60 岁的人群而言，血糖标准可以稍微宽松一些，应该保持在 4.4 ～ 7.1 mmol/L 之间；对于 60 岁以上的老年人而言，血糖标准相对来说比较宽松，可以保持在 7.0 ～ 9.0 mmol/L 之间，因为此时由于年龄较大，身体各项机能较低，所以标准可以稍微宽松一些。但是，对于老年人而言，平时也要及时检测血糖水平，预防并发症的出现。

MET：MET 是一种表示相对能量代谢水平和运动强度的重要指标。MET 可以被理解为在特定活动状态下相对于静息代谢状态的能耗水平的比值。健康成年人坐位安静状态下耗氧量为 3.5 ml/（kg·min），将此定为 1MET，根据其他活动时的耗氧量 /（kg·min）可推算出其相应的 MET 值。尽管不同个体在从事相同的活动时其实际的耗氧量可能不同，但在从事相同的活动时其 MET 值基本相等。故 MET 值可用于表示运动强度、制订个性化运动处方、指导日常生活和职业活动及判定最大运动能力和心功能水平等。

运动目标：不同人群身体的基本条件不同、运动目的不同，需要使用者在使用穿戴设备前设定好运动目标。在不同模块中提前设定好系统的运动目标及运动方法。心血管系统运动目标包括加大血管壁压力、增加回心血流量、促进末梢血管回流、预防深静脉栓塞等。神经系统的运动目标包括确保身体各部分能够协调一致地进行运动，从而实现复杂的动作和姿势；通过精细的神经调节，实现运动的精确控制，帮助身体对环境变化做出快速反应，如避让障碍物、抓住移动的物体等；通过中枢神经系统与感觉器官的相互作用，保持身体平衡，防止摔倒；通过学习和记忆，不断优化运动模式，提高运动技能。此外，神经系统运动目标还包括提高肺活量、改善氧合作用、增强心肺功能、促进血液循环、预防呼吸系统疾病、改善呼吸模式、提高运动耐力及促进身体放松等方面。骨骼肌肉系统运动目标包括增加肌肉力量和帮助肌肉塑形、降低体脂率、训练上下肢及躯干某一特定肌肉、肌肉耐力训练和肌肉稳定性训练等。消化系统运动目标包括促进胃肠道蠕动以改善便秘、改善食欲等。呼吸系统运动目标包括增加摄氧量、增加脂肪消耗比例、降低呼吸病等。睡眠健康运动目标包括促进深度睡眠、提高睡眠质量、缓解神经系统疲劳等。心理健康运动目标包括对抗焦虑及抑郁情绪等。五官健康运动目标包括改善皮肤状态、促进未成年人的生长发育等。腺体健康运动目标包括促进改善体内激素调节水平、促进生长发育等。

最大摄氧量：最大摄氧量是预测个人总体健康和运动水平的最佳指标，指人体在剧烈运动时消耗、运动和输送到骨骼肌的最大氧气量。测定最大摄氧量在运动医疗领域应用广泛，例如评估老年人是否患有心脏病、测试运动员的最佳运动表现等。使用者在进行一段时间主动运动康复后，最大摄氧量的变化也被作为健康状态改善的重要指标之一。First beat 最大摄氧量算法是由芬兰的 Joni 博士及其团队在 2012 年开发并申报的专利算法，已经在智能可穿戴产品中得到了广泛应用。该算法依赖于分析氧气消耗和跑速之间的线性关系，这意味着当跑速增加时，氧气消耗也随之增加。计算需要用户基本的人体测量数据（年龄、性别、身高、体重等）、心跳数据和跑速。在使用 GPS 捕获外部负载数据的运行活动期间，First beat 算法提供的最大摄氧量估算值是比较准确的。该算法已被证实接近实验室测试结果，误差不大于 5%。由于 First beat 算法的本质在于对用户运动数据的分析，因此算法的准确性与计算中使用最大心率和跑速的准确性密切相关。

常规运动消耗能量表：通过穿戴设备可查询到日常运动所消耗的能量与各运动项目的特点（见表 4-1），使用者根据自己的情况及医生和设备给出的每日运动量目标，有选择性地进行运动，穿戴设备记录并上传后台形成数据，实时反馈给使用者和专业医生。

表 4-1 常规运动消耗能量表

项目	消耗热量	功效
游泳	175 卡 / 半小时	增强心肺功能，锻炼灵活性和力量
田径	450 卡 / 半小时	使人体全身得到锻炼
篮球	250 卡 / 半小时	增强灵活性，加强心肺功能
骑自行车	330 卡 / 半小时	对心肺、腿十分有利
骑马	175 卡 / 半小时	增强大腿力量，磨炼意志
滑水	240 卡 / 半小时	对整个躯体、四肢肌肉和平衡能力有很好的锻炼作用
高尔夫球	125 卡 / 半小时	锻炼效果来自运动时需要的长途跋涉和击球动作。如能持之以恒，对保持线条优美极为有利
慢跑	300 卡 / 半小时	增强心肺功能，刺激血液循环
散步	75 卡 / 半小时	对心肺功能的增强有益，能改善血液循环，活动关节，有助于减肥
滑旱冰	175 卡 / 半小时	可增强全身灵活性和局部力量
跳绳	400 卡 / 半小时	可改善人的姿态。但 35 岁以上的人跳绳不可过于激烈
壁球	300 卡 / 半小时	可锻炼两腿灵活性，可减肥，可增加速度能力。但心肺功能较差者不宜从事这项运动
网球	220 卡 / 半小时	能够锻炼心肺功能，锻炼身体灵活性
乒乓球	180 卡 / 半小时	可增强心肺功能，锻炼重心的移动和协调性
排球	175 卡 / 半小时	增强灵活性、弹跳力和体力，有益于心肺

第二节　健康状态评估和风险预警

研究表明，身体疾病的发展一般遵循从健康到亚健康再到发病的过程。在亚健康阶段进行有效的干预、调节，既能够避免临床治疗对身体的伤害，又可以有效减少医疗支出。因而开展健康风险评估预警研究，实现对人们身体健康状况的早期预警、干预是十分必要的。通过可穿戴设备能收集用户的各项数据指标，建立一个健康阈值模型，当用户的某项数据指标超出正常范围时，可穿戴设备会推送信息给用户进行风险预警，并给出相应的解决方案。通过整理后的数据，建立人体心血管系统、神经系统、骨骼肌肉系统、消化系统及呼吸系统等多个系统健康风险评估模型，实现对人体系统和器官健康状况的评估，及亚健康状况的预警。

亚健康状态是介于健康与疾病之间的非健康、非疾病的第三状态，目前我国约有 70% 的人处于亚健康状态。如果不及时调整亚健康状态，就会有较高概率患病，严重者甚至会过劳死。因此，对亚健康状态准确评估成为医学界的主要研究课题。由于现存亚健康状态评估方法均以中西医结合检查为基础，而目前由于亚健康状态检测指标参考值范围难以界定、个人保健意识欠缺，以及时间、金钱和地域等条件的限制等因素，阻碍了亚健康状态评估的发展。因此，为了克服以上问题，提出一种可以突破时间和地域限制、简单便捷的亚健康状态评估模型具有重要意义。主动健康穿戴设备能实时监测使用者的健康数据，并建立历史数据分析模型。健康状态评估步骤包括以下三步。

步骤 1：获取设定时间范围内待分析的健康指标历史监测数据。

步骤 2：对所述历史监测数据进行分析，得到所述健康指标的综合控制效果，以及对所述历史监测数据进行分析，得到所述健康指标的波动情况。

步骤 3：综合分析所述健康指标的控制效果及波动情况，评估得到最终的人体健康状态。

主动健康可穿戴设备利用健康指标的历史监测数据，判定最近历史时间段内该健康指标的综合控制效果和波动情况，更为全面客观地反映人体健康状态，提高健康评估的准确性，为制订个性化的健康管理方案提供参考依据。

当可穿戴设备通过后台数据模型分析检测到使用者可能出现健康问题时，穿戴设备不仅起到提醒用户需要注意身体健康的作用，同时还能为医护人员和政府部门提供数据样本。可穿戴设备不仅是进行有效的健康服务计划和卫生行政管理的重要手段之一，而且对了解人群健康状况、合理分配资源将起到重要作用，同时也是对个人的健康状况及未来患病情况和／或死亡危险性的量化评估。

健康风险评估的主要作用：帮助用户综合认识健康风险；鼓励和帮助用户修正不健康的行为；制订个性化的健康干预措施；评估干预措施的有效性；便于进行健康管理人群分类；进行风险预警。

也可通过问卷获取这些用户信息：①个人生理、生化数据，如身高、体重、血压、血脂等；②个人生活方式数据，如是否吸烟、膳食和运动习惯等；③个人或家族健康史；④其他危险因素，如精神压力等；⑤个人态度和知识方面的信息（有时候需要）；⑥个人危险度计算（相对危险度、绝对危险度）；⑦评估报告，包括个人报告和人群报告，评估结果是健康风险评估报告的主要内容。评估报告具有一定局限性，它不提供完整的病史，不能代替医学检查，不能诊断疾病，不评估社会或环境危险因素。因此，评估本身不能构成一个健康管理项目。

第三节　主动运动干预策略

在完成身体健康数据采集及健康问题筛查后，对适合进行主动运动干预的用户，在及时风险预警的保障下，针对性地对疾病或亚健康状态进行主动运动干预，还能够实现对疾病的预防和改善，真正做到以人为本，以科技促健康。以下是五种常见疾病的主动运动干预策略以及注意事项。

一、骨骼肌肉系统疾病

（1）下背痛。

下背痛是一种普遍存在的健康问题，影响广泛人群的日常活动与工作效率。长期规律的低强度有氧运动，如太极拳、瑜伽等，能够有效增强腰背肌肉力量，改善脊柱的灵活性与稳定性，从而减轻疼痛。此外，全身振动训练也被证明能够增强肌肉力量和骨密度，有助于缓解下背痛。

（2）肌腱损伤。

长期离心运动，即"快起慢落"的运动，比如举起一个哑铃，举起的时候可

以快一些，但落下时一定要慢。

（3）骨质疏松症。

长期进行低、中等强度的水中运动或全身振动训练。

（4）髋部骨折。

长期低、中等强度的平衡训练。

二、泌尿系统疾病

（1）慢性肾病。

长期进行中等强度的居家运动。

（2）肾移植术后。

进行有氧运动、抗阻运动和个性化渐进性运动。

三、呼吸系统疾病

（1）慢性阻塞性肺疾病。

长期进行低、中等强度的有氧运动，运动形式包括踏板力量训练、太极拳、步行和游泳等。

（2）间质性肺病。

长期进行高强度有氧运动结合抗阻运动，监督条件下的运动方案包括高强度有氧运动和上、下肢抗阻训练。

（3）肺移植术后。

长期中等强度有氧运动结合抗阻运动，运动形式包括骑车、步行、爬楼梯和腿部按摩。

四、心脑血管系统疾病

（1）冠状动脉疾病。

长期进行有氧运动和居家运动，常见的运动形式包括步行、慢跑和打太极拳等。

（2）脑卒中。

长期进行低、中等强度的有氧运动，运动形式包括步行、骑自行车、慢跑、力量训练、太极拳等。

（3）慢性心力衰竭。

有氧运动（长期步行和呼吸训练）、抗阻运动和高强度间歇训练。

五、肿瘤类疾病

一系列研究证实，运动处方确实是提高癌症患者免疫系统功能和生活质量的有效治疗方法。研究表明，运动可改善肺癌患者的免疫功能。对于肺癌患者的运动方案，常采用长期中、高强度有氧运动或抗阻运动作为辅助治疗。

长期打太极拳有助于提高患者外周血单核细胞增殖和细胞溶解活性，减缓疲劳，增强患者活力。长期进行中等强度有氧运动或抗阻运动对健康相关生活质量、机体状态和心理健康及肿瘤治疗有很好的效果。

六、注意事项

（1）适合糖尿病患者的运动，主要包括有氧运动和抗阻运动。

（2）适合心脑血管疾病患者的运动，主要包括有氧运动和居家运动。

（3）对于早期乳腺癌患者，长期进行低、中等强度有氧运动和抗阻运动更有利于康复。

（4）运动干预只是一种辅助疗法，并不意味着可以直接治疗该疾病。

（5）低强度运动不需要进行运动测试，而在进行中、高强度运动之前，应该进行运动测试。

第四节　信息化平台建设

运动主动健康信息化平台是指利用信息技术和互联网技术，以运动主动健康为核心，提供全方位健康管理和服务的平台。该平台通过集成各种健康数据、智能设备和应用程序，为用户提供个性化的运动健康建议、监测和管理工具。其功能分为以下四个板块。

一、在线咨询

用户点击进入运动主动健康模块即可了解科室中西医结合的特色运动康复技

术，线上门诊设置了颈肩腰腿痛门诊，运动康复中心，肌骨疼痛门诊，富血小板血浆治疗室，青少年特发性脊柱侧弯门诊，篮球、排球、足球、羽毛球、网球、高尔夫球运动损伤门诊等。线上门诊继承了中西医各流派特色，积极配合现代诊疗手段，注重传统中医康复疗法与现代康复理论技术的结合。用户可根据自身需求，点击"在线咨询"即可线上问诊。

二、健康档案

（1）健康状况。

需自主填写健康概况，如既往病史、家族史、婚姻状况、吸烟习惯、饮酒习惯等。

（2）检查报告。

在医院进行的影像检查，如 X 光片、CT 片、MRI（磁共振）片等，均可通过线上 App 查询。

（3）检验报告。

住院或门诊期间，患者到医院进行抽血等相关化验检验报告，均可查询跟进。

（4）体检报告。

患者在广西健康管理中心完成相关体检后，由负责医生逐一上传体检项目报告，可随时查看。

（5）门诊病历。

患者到医院预约挂号就诊，就诊结束后生成线上门诊病历，供患者自行查看，需要之时可凭此作为相关保险凭证使用。

（6）个人健康概况。

根据实际情况填写。

三、登录信息管理

主动健康 App 可在多平台手机应用商店下载使用。首次下载登录 App 可通过绑定手机号码短信验证码登录。使用前需仔细阅读并同意《个体协议》和隐私政策后方可登录。

（1）进入填写个人信息界面。

姓名、性别、年龄、身高、体重、手机号、身份证号及就诊卡号等。

（2）门诊挂号系统。

绑定个人就诊卡号后即可开启预约医生就诊挂号，分为内科、外科、妇产科、儿科、五官科、皮肤性病科、中医康复理疗科、睡眠医学科、颈肩腰腿痛门诊、心理中心、临床肿瘤中心、整形美容激光中心、健康管理门诊及知名专家门诊等（分支科室详见挂号系统）。

（3）健康计划。

根据专业医生和康复治疗师的综合评估结果，制订每日健康计划，当日可查看总项目数、已完成项目及待完成项目等。

（4）设备穿戴。

通过可穿戴设备如运动手表、智能鞋垫等，连接手机蓝牙、绑定 App 并注册账号登录后，即可同步记录当日步数、心率、血压、睡眠及血氧等实时情况。

（5）智能在线客服。

点击相关按钮或语音唤醒即可开启相关智能回复功能，如如何查看个人信息、如何查看科室信息、如何更换手机号、如何找医生、食谱分类、心理评估、睡眠评估及膳食评估等。

四、运动健康

（1）运动科普 – 运动健康科普知识。

涵盖球类运动康复、田径类运动康复、内外科疾病运动康复、运动康复特色疗法、日常活动运动康复、高效瘦身、增肌运动、减肥运动、晨练活动及室内活动等。例如，如何预防足球运动损伤、代谢综合征的运动管理、冠心病运动处方的制订、颈椎病主动运动康复及腘绳肌离心训练治疗慢性腰痛等相关科普知识。

（2）运动计划与记录。

根据用户的个人运动爱好与需求，通过穿戴电子设备可记录当日某项运动的时长、心率和消耗的卡路里，热身、燃脂、有氧和无氧的极限等时长等记录，填写到当日运动记录中即可。

（3）运动评估。

评估问卷分别为肩部功能量表、肩部疼痛量表、疼痛评估量表、颈椎量表、肩关节量表及 Lysholm 膝关节评分表等。

第五章

运动主动健康研究热点与展望

在现代社会的快速发展中，随着生活节奏的迅猛加快与工作压力的日益增大，人们的健康问题愈发凸显，成为社会公众普遍关注的焦点。肥胖、心血管疾病和心理压力等健康问题不断困扰着现代人的生活，寻求科学有效的健康干预手段变得尤为重要。在这样的背景下，"预防大于治疗""以健康为中心"的主动健康理念逐渐受到重视。运动作为一种自然、经济且广泛可行的健康促进方式，受到越来越多人的关注和推崇。

运动主动健康研究正是基于这样的社会背景和需求应运而生。它致力深入探讨运动与健康之间的内在联系，揭示不同运动方式和强度对人体健康的实际影响。通过科学的研究方法和手段，我们将分析运动在预防和治疗各类疾病方面的积极作用，为公众提供科学、实用且个性化的运动建议。本章主要探讨运动主动健康的研究热点，并对其未来发展进行展望。

第一节　运动主动健康研究的当前热点

一、运动处方与个性化健康管理

在深入研究运动主动健康领域时，我们必须着重关注运动处方与个性化健康管理这一核心议题。这一领域的前沿进展在于如何通过精准的运动计划、智能设备的应用及远程健康管理服务，实现个性化的运动与健康管理，进而促进人们健康水平的提升与生活质量的改善。

1. 精准运动处方

精准运动处方是提升个人健康水平的关键手段之一。它基于个人的全面健康评估和运动能力测试，旨在为每个人量身打造符合其个人特点的运动方案。由于每个人的身体状况和运动需求不同，因此需要针对不同人群制订个性化的运动方案。例如，老年人、青少年、孕妇等人群需要不同的运动方式和强度。因此，如何为不同人群制订个性化的运动方案已成为研究的热点。

2. 智能运动设备

智能运动设备在运动处方的制订过程中扮演着至关重要的角色。这些设备能够实时监测个人的运动数据，如心率、步数、卡路里消耗等，从而为我们提供有关个人运动状态和健康状况的准确信息。这些数据对于评估运动效果、调整运动处方及预防运动损伤具有重要意义。通过智能设备的运用，我们能够更好地理解个人的运动需求和身体反应，进而制订出更加精准的运动处方。

3. 远程健康管理服务

远程健康管理服务也是推动个性化健康管理发展的重要力量。借助互联网和远程监测技术，我们可以为个体提供便捷、高效的健康管理服务。无论个体身处何地，都能够通过远程健康管理平台获得专业的运动指导和健康建议。这种服务模式打破了地域限制，使得更多的人能够享受到个性化的健康管理服务。远程健康管理还能够实现数据的实时共享和更新，使得个人和健康管理者能够随时了解健康状况的变化，并做出相应的调整。

4. 跨学科合作创新

在实现个性化运动与健康管理的过程中，我们还需注重跨学科的合作与创新。运动医学、生物力学、营养学等领域的专业知识能够为运动处方的制订提供有力的支持。通过运用人工智能、大数据等先进技术，我们能够实现对个体健康数据的深度挖掘和分析，为健康管理提供更加精准、个性化的解决方案。

值得注意的是，个性化运动与健康管理并非是一蹴而就的。它需要个人、健康管理者及社会各界共同努力和配合。个人需要积极参与健康评估和运动测试，为制订精准的运动处方提供必要的数据支持；健康管理者则需要根据个人的实际情况，制订出符合其需求的运动计划，并提供持续的健康指导和支持；而社会各界则需要为个性化运动与健康管理提供必要的政策支持和资源保障，以推动这一领域的持续发展。

个性化运动与健康管理是一个复杂而富有挑战性的领域，我们需要不断探索和创新，结合先进技术和专业知识，为个人提供更加精准、有效的健康管理服务。我们还需要加强跨学科合作与交流，推动个性化运动与健康管理领域的持续

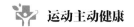

发展，为人类的健康事业作出更大的贡献。

二、运动与慢性病预防控制

运动主动健康研究领域日益受到关注，其中慢性病预防与控制作为核心议题，不仅关乎公众健康福祉，也是医学和公共卫生领域的重要研究方向。从专业角度出发，我们深入剖析运动在慢性病预防与控制中的多重作用，以揭示其对降低慢性病风险、提升康复效果及普及预防知识的深远影响。

1. 减少患病风险因素

在降低慢性病风险因素方面，运动以其非药物干预的特性，在改善身体机能和代谢水平方面起着至关重要的作用。目前，高血压病、高脂血症、糖尿病等慢性病已成为全球性的健康挑战，而适量且规律的运动能够有效降低患这些疾病的风险。运动能够通过增强心肌功能、改善血液循环，进而降低血压，减轻心脏负担，促进心血管健康。同时，运动还能调节血脂水平，减少胆固醇在血管壁的沉积，从而降低动脉粥样硬化的风险。此外，运动还有助于控制血糖水平，提高胰岛素敏感性，对于预防糖尿病的发生具有重要意义。

2. 提升康复效果

在慢性病患者的康复过程中，运动同样展现出显著的康复效果。对于已经有慢性病的患者，适当的运动能够促进血液循环，增强肌肉力量，改善心理状态，从而有助于缓解疾病症状，提高生活质量。个性化的运动方案结合专业的康复指导，能够确保患者在运动过程中获得最佳效果。例如，针对心血管疾病患者的有氧运动训练，可以提高心肺功能，降低心脏事件的发生风险；而针对糖尿病患者的抗阻运动，可以改善胰岛素抵抗，有助于控制血糖水平。

3. 加强科普宣教

普及慢性病预防知识是运动主动健康研究的另一重要使命。通过科学的教育和宣传，提高公众对运动预防慢性病的认识，有助于形成健康的生活方式和行为习惯。我们积极推广科学的运动理念，普及运动技能和方法，倡导公众在日常生活中融入适量的运动。同时，我们还针对不同人群和慢性病类型，制订个性化的运动方案，以满足不同人群的预防需求。这些措施有助于增强公众的健康意识，提高慢性病预防知识的普及率和效果。

值得注意的是，运动在慢性病预防与控制中的作用并非一蹴而就，而是需要长期坚持和合理规划。因此，应鼓励公众养成科学的运动习惯，合理安排运动时间和强度，避免过度运动或运动不足带来的负面影响。此外，运动与饮食、作息等其他健康行为应发挥协同作用，以实现更全面的慢性病预防效果。

4. 总结

运动在慢性病预防与控制中发挥着至关重要的作用。通过降低慢性病危险因素、提升康复效果及普及预防知识等多方面的作用，运动为慢性病的预防与控制提供了新的思路和策略。应呼吁社会各界共同关注运动主动健康研究，推动其在慢性病预防与控制领域的应用和发展。

三、运动与心理健康促进

在当前运动主动健康研究的众多热点议题中，运动与心理健康促进的关联及其深远影响已然成为不可忽视的焦点。作为行业内的专业人士，我们深知运动在个体心理健康层面扮演着举足轻重的角色，并且运动正逐渐成为推动心理健康全面发展的重要途径。

1. 提升心理健康水平

运动对于提升心理健康水平的贡献是显而易见的。大量研究表明，规律性的体育锻炼能够显著缓解个人的压力和焦虑情绪。这种缓解作用不仅体现在生理层面，即通过运动消耗体内积累的应激激素，降低身体紧张状态；更体现在心理层面，运动能够刺激大脑释放内啡肽等愉悦激素，从而改善情绪状态，提升个人的心理韧性。这种心理韧性的增强有助于个人更好地应对生活中的挑战和困难，进而提升其幸福感和生活质量。

2. 促进心理障碍干预

运动在心理障碍的干预中也发挥着重要作用。对于患有抑郁症、焦虑症等心理障碍的人来说，运动往往能作为一种有效的辅助治疗手段。通过制订个性化的运动方案，结合必要的心理咨询和辅导，运动能够帮助患者逐渐走出心理困境，恢复正常的社会功能。这一过程中，运动不仅能够改善患者的生理状态，还能通过提升其心理适应能力，促进其心理健康的全面恢复。

3. 加强心理健康教育

然而，要充分利用运动在心理健康促进方面的潜力，还需要加强心理健康教育的推广。当前，公众对于运动与心理健康的关系的认知尚存在不足，很多人尚未意识到运动在维护心理健康方面的重要作用。因此,需要通过科普讲座、宣传资料等多种途径,普及运动干预和心理健康教育的知识,提高公众对于运动促进心理健康的认识。同时,还应该积极探索如何将运动与心理健康教育相结合,构建更加完善的心理健康服务体系。这包括但不限于在学校、社区等场所开展运动与心理健康课程,提供有针对性的运动建议和心理咨询服务,以及建立运动对心理健康的监测和评估机制等。

4. 推动心理健康全面发展

在推动心理健康全面发展的道路上,运动与心理健康教育的结合将提供强大的动力。科学合理的运动干预和心理健康教育,能够帮助个人更好地应对生活中的压力和挑战,提升其心理韧性和适应能力。这不仅能够改善个人的心理健康状况,还能够提高整个社会的心理健康水平,为社会的和谐发展贡献力量。

值得注意的是,运动对不同人群的心理健康影响可能存在差异。例如,青少年阶段是个人心理健康发展的关键时期,适度的运动能够促进其身心健康发展;而老年人由于身体机能的衰退和慢性病的困扰,可能更适合进行一些低强度、慢节奏的运动。因此,在制订运动干预方案时,需要充分考虑不同人群的特点和需求,提供个性化的运动建议和指导。

5. 长期干预和可持续性

此外,还应该关注运动干预的长期效果和可持续性。虽然运动在短期内能够带来显著的心理健康改善效果,但要想维持这种效果并防止心理问题的复发,需要个人长期坚持规律性体育锻炼。因此,需要通过有效的健康教育手段,帮助个人树立正确的运动观念和生活方式,培养其长期参与体育锻炼的习惯。

运动与心理健康促进的紧密关系已经成为当前运动主动健康研究的重要方向之一。通过深入研究和广泛实践,相关从业者能够更好地利用运动在促进心理健康方面的潜力,为个人和社会的心理健康发展提供有力的支持。同时,还应该不断探索和创新心理健康教育的形式与内容,提高公众对于运动促进心理健康的认识和参与度,共同推动心理健康的全面发展。

第二节 运动主动健康研究的发展趋势及展望

一、智能化运动健康管理系统的应用

随着运动主动健康领域的持续发展，智能化运动健康管理系统正逐渐成为推动行业进步的核心力量。该系统集成了先进的智能监测技术和数据分析方法，能够实时采集和解析个体在运动过程中的各项关键指标，包括但不限于心率、血压、运动强度及运动模式等数据。这些数据的精准捕捉和分析，不仅让我们对个体的运动习惯和健康状况有了更为全面深入的了解，而且为制订个性化的运动计划和健康管理策略提供了有力支持。

智能化运动健康管理系统的优势在于其强大的数据处理和数据挖掘能力。系统运用大数据和人工智能技术，对海量的运动数据进行深度分析，揭示出隐藏在数据背后的健康规律和潜在风险。通过对个体运动数据的持续跟踪和对比，系统能够精确评估个体的健康状况和运动效果，从而为个体提供更具针对性的运动建议。

智能运动教练系统作为智能化运动健康管理系统的重要组成部分，其应用也日益广泛。借助先进的人工智能技术和虚拟现实技术，智能运动教练系统能够模拟出各种真实的运动场景，为个体提供沉浸式的运动体验。无论是基础的健身训练还是高难度的专项练习，智能运动教练系统都能根据个体的需求和水平，提供个性化的运动指导和反馈。这极大地提高了个体的运动效率和体验，使运动变得更加科学、高效和有趣。

此外，健康风险评估与预警功能是智能化运动健康管理系统的另一大亮点。系统根据个体的运动数据和健康信息，构建出精准的健康风险评估模型，实现对健康风险的实时预测和预警。这有助于个体及时发现潜在的健康问题，并在健康风险事件发生前采取有效的干预措施，从而避免健康风险事件的发生。

展望未来，智能化运动健康管理系统将在运动主动健康领域发挥更加重要的作用。随着技术的不断进步和应用场景的拓展，系统将实现更多功能的集成和优化，为个体提供更加全面、精准和个性化的运动健康服务。同时，随着人们对于运动健康重要性的认识不断提高，智能化运动健康管理系统的应用也将更加广泛和深入，为推动运动主动健康领域的持续发展和创新提供有力支持。

智能化运动健康管理系统是运动主动健康领域的一项重要技术创新。它通过集成智能监测与数据分析、智能运动教练系统及健康风险评估与预警等功能，为个体提供了全方位、个性化的运动健康服务。同时，随着技术的不断进步和应用场景的拓展，智能化运动健康管理系统将不断优化和完善，为推动运动主动健康领域的持续发展和创新贡献更多力量。期待在未来看到更多智能化运动健康管理系统的应用实践和创新成果，为人类的运动健康事业做出更大贡献。

二、跨学科融合与创新发展

随着科技的日新月异和学科间融合步伐的加快，运动主动健康研究领域正迎来前所未有的发展契机。在当下这个多学科交叉融合的时代背景下，跨学科的研究与合作已经成为推动运动主动健康研究领域持续发展的重要引擎。通过深度整合医学、生物学、心理学等领域的专业知识与技术手段，我们能够更加全面、深入地揭示运动对人体健康的复杂影响机制，并探索出更加先进、精准的研究方法。

在跨学科的研究框架下，运动处方与个性化健康服务的概念日益受到重视。传统的运动健康理念往往侧重于一般性的运动建议和指导，而缺乏针对个体差异的精细化考虑。随着基因测序、大数据分析和人工智能等先进技术的广泛应用，我们现在能够更准确地了解每个人的基因特征、生活习惯及健康需求，进而制订个性化的运动处方和健康服务方案。这种个性化的服务模式不仅能够满足不同人群的健康需求，更能实现精准的健康管理，为个人提供更为科学、有效的运动指导。

运动康复与健康促进在运动健康研究中同样占据着举足轻重的地位。运动康复作为医学领域的一个重要分支，旨在通过运动手段促进疾病的康复和功能的恢复。而健康促进则更侧重于通过运动和生活方式的改善来预防疾病、提高生活质量。将运动康复与健康促进的理念和方法融入运动健康研究中，不仅能够推动运动在疾病治疗和健康管理方面的应用，还能为个人提供更加全面、系统的健康服务。通过综合运用运动训练、营养指导及心理干预等多种手段，可以帮助个人实现身心的全面康复和健康水平的提升。

随着技术的不断发展，运动主动健康研究也在不断探索新的方法和手段。例如，利用可穿戴设备和 App 进行实时运动监测和数据分析，可以更加精确地评估个体的运动状态和健康水平；通过虚拟现实和增强现实技术模拟真实的运动场景和体验，可以为个体提供更加沉浸式的运动训练和康复体验；利用人工智能算法对运动数据进行深度挖掘和分析，可以发现隐藏的健康风险和潜在的运动规律，为个体提供更加精准的健康预警和运动指导。

运动主动健康研究将继续注重跨学科融合与创新发展。通过进一步加强与医学、生物学和心理学等领域的深度合作与交流，我们可以共同探索更多新的研究思路和方法。随着技术的不断进步和应用场景的不断拓展，运动主动健康研究也将迎来更加广阔的发展空间和前景。我们相信，在不久的将来，运动主动健康研究将为人类健康事业做出更加重要的贡献，为个人的身心健康和生活质量的提升提供更加全面、有效的支持。

运动主动健康研究不仅关注个人的身体健康，还致力促进个人的心理健康和社会适应能力。现代社会的快节奏生活和高压工作环境使得越来越多的人面临心理健康问题。运动作为一种积极的生活方式，不仅可以改善个人的身体状况，还有助于缓解压力、提升情绪状态及增强社会交往能力等。运动主动健康研究在心理健康领域的应用前景十分广阔。

运动主动健康研究还注重与公共卫生、社会福利等领域的结合。通过参与社区健康促进活动、开展健康教育和宣传等工作，运动主动健康研究可以帮助更多人了解运动对健康的益处，增强公众的健康意识和运动积极性。与政府部门和社会组织合作，推动运动健康政策的制定和实施，也是运动主动健康研究的重要方向之一。

运动主动健康研究正迎来前所未有的发展机遇。通过跨学科融合与创新发展，相关研究人员能够更全面地揭示运动对人体健康的综合影响，探索出更为先进和精准的研究方法与手段。结合个体的基因、生活习惯等特征制订个性化的运动处方和健康服务，以及将运动康复与健康促进的理念和方法融入研究之中，都是推动运动主动健康研究领域发展的关键力量。未来，随着技术的不断进步和应用场景的拓展，运动主动健康研究将为人类健康事业贡献更多的智慧和力量。

三、政策支持与产业发展

随着全球健康观念的深入人心，运动主动健康已成为一个备受瞩目的研究领域。在这一领域的发展趋势中，政策支持与产业发展显得尤为重要，它们共同为运动健康产业的蓬勃发展提供了有力支撑。

政策支持在运动健康产业的发展中起到了关键作用。政府通过制定一系列具有针对性的政策和法规，为产业创新提供了广阔的空间和强有力的保障。这些政策不仅鼓励企业加大研发投入，提高技术创新能力，还通过提供税收优惠、资金扶持等措施，降低产业发展的门槛和风险。政府还积极搭建产学研合作平台，促进高校、科研机构与产业界的紧密合作，加速科研成果的转化和应用。

产业发展是运动健康研究得以落地生根的重要载体。随着人们对运动健康需求的不断增长，运动健康产业逐渐形成了一个庞大的产业链，涵盖了体育用品制造、健身服务和运动赛事举办等多个领域。这些领域的发展不仅为公众提供了丰富多样的运动健康产品和服务，还创造了大量的就业机会，促进了社会经济的繁荣。

在政策支持与产业发展的双重推动下，运动健康产业正在迎来前所未有的发展机遇。一方面，政策支持为产业创新提供了源源不断的动力，推动了技术的不断进步和产业升级。另一方面，产业的发展也为政策支持提供了坚实的实践基础，使得政策更加贴近市场需求，更加符合产业发展规律。

产学研一体化的推进也为运动健康产业的发展注入了新的活力。通过加强科研与产业的深度融合，运动主动健康研究领域的研究成果得以更快地转化为实际应用，提升了产业的整体竞争力。高校和科研机构为产业界提供了源源不断的创新思想和人才支持，而产业界则为科研成果提供了实践验证和市场推广的平台。这种合作模式不仅促进了运动健康产业的快速发展，还推动了相关学科的建设和人才培养。

展望未来，随着科技进步和市场需求的不断变化，运动主动健康研究将面临更多新的机遇和挑战。我们需要不断关注行业动态和技术发展趋势，加强跨学科合作和创新研究，推动运动健康产业的持续创新和发展。同时，也需要注重培养具备专业素养和创新精神的人才队伍，为产业的未来发展提供坚实的人才保障。

运动主动健康研究作为一个具有广阔前景和重要意义的领域，其未来发展趋势将受到政策支持与产业发展的双重推动。我们有理由相信，在政府、产业界和学术界的共同努力下，运动健康产业将迎来更加美好的未来，为人类的健康和福祉做出更大的贡献。

参考文献

—◆◆◆◆◆—

［1］AL-JIFFR O H, ABD EL-KADER S M. Aerobic versus resistance exercises on system inflammation and sleep parameters in obese subjects with chronic insomnia syndrome［J］. Afr Health sci. 2021, 21（3）: 1214-1222.

［2］AMIN F M, ARISTEIDOU S, BARALDI C, et al. The association between migraine and physical exercise［J］. J Headache Pain. 2018, 19（1）: 83.

［3］CHENG P, KALMBACH D A, HSIEH H F, et al. Improved resilience following digital cognitive behavioral therapy for insomnia protects against insomnia and depression one year later［J］. Psychol Med. 2023, 53（9）: 3826-3836.

［4］CURTELIN D, MORALES-ALAMO D, TORRES-PERALTA R, et al. Cerebral blood flow, frontal lobe oxygenation and intra-arterial blood pressure during sprint exercise in normoxia and severe acute hypoxia in humans［J］. J Cereb Blood Flow Metab. 2018, 38（1）: 136-150.

［5］EVANS S, MOIENI M, TAUB R, et al. Iyengar yoga for young adults with rheumatoid arthritis: results from a mixed-methods pilot study［J］. J Pain Symptom Manage. 2010, 39（5）: 904-913.

［6］FARROKHYAR F, MARSHALL J K, EASTERBROOK B, et al. Functional gastrointestinal disorders and mood disorders in patients with inactive inflammatory bowel disease: Prevalence and impact on health［J］. Inflamm Bowel Dis. 2006, 12（1）: 38-46.

［7］GAMALDO C E, SHAIKH A K, MCARTHUR J C. The sleep-immunity relationship［J］. Neurol Clin, 2012, 30（4）: 1313-1343.

［8］HENRIKSSON M, WALL A, NYBERG J, et al. Effects of exercise on symptoms of anxiety in primary care patients: A randomized controlled trial［J］. J Affect Disord. 2022（297）: 26-34.

［9］MARKOTIĆ V, POKRAJČIĆ V, BABIĆ M, et al. The positive effects of running on mental health［J］. Psychiatr Danub. 2020, 32（Suppl 2）: 233-235.

［10］PETERS H P, DE VRIES W R, VANBERGE-HENEGOUWEN G P, et al. Potential benefits and hazards of physical activity and exercise on the gastrointestinal tract [J]. Gut. 2001, 48（3）: 435-439.

[11] ESCOBAR-ROLDAN I D, BABYAK M A, BLUMENTHAL J A. Exercise prescription practices to improve mental health [J]. J Psychiatr Pract. 2021, 27（4）: 273-282.

[12] ZHAO J L, JIANG W T, WANG X, et al. Exercise brain plasticity, and depression [J]. CNS Neurosci Ther. 2020, 26（9）: 885-895.

[13] 刘西花, 李晓旭, 刘姣姣. 心肺康复 [M]. 青岛: 山东科学技术出版社, 2019.

[14] 樊艳, 郑访江, 史晓伟, 等. 甲状腺功能减退症患者健康心理控制源和应对方式与自我管理行为的相关性分析 [J]. 西部中医药, 2023, 36（9）: 91-96.

[15] 李雨桐, 王明弘. 新时代医学院校大学生心理健康教育研究 [J]. 吉林医药学院学报, 2023, 44（6）: 441-442.

[16] 杨辉. 医学中的全科医学——从《柳叶刀》200年历史看现代医学中的全科医学发展（三）: 哈特论医学本科教育对基本医疗的影响 [J]. 中国全科医学, 2024, 27（4）: 377-380.

[17] 李冲. 医学研究生心理健康教育现状研究——以西部某医药大学为例 [J]. 西部素质教育, 2023, 9（20）: 113-116.

[18] 黄亚飞, 武赣龙, 杜振巍. 我国古代体育活动内容和文化精神研究 [J]. 体育文化导刊, 2009（3）: 116-119.

[19] 崔乐泉. 中国古代体育精神及其文化特质 [J]. 人民论坛, 2021（22）: 110-112.

[20] 王广义, 李泽军, 杨光. 习近平关于体育健康重要论述的生成机理、理论要旨及价值意蕴 [J]. 体育科学, 2021, 41（6）: 3-9, 20.

[21] 汪波, 黄晖明, 杨宁. 运动是良医（Exercise is Medicine）: 运动促进健康的新理念——王正珍教授学术访谈录 [J]. 体育与科学, 2015, 36（1）: 7-12.

[22] 弓孟春, 刘莉, 王媛媛, 等. 主动健康管理模式的构建策略 [J]. 科技导报, 2022, 40（6）: 93-100.

[23] 王正珍. 运动处方的研究与应用进展 [J]. 体育学研究, 2021, 35（3）: 40-49.

[24] 刘国永. 实施全民健身战略, 推进健康中国建设 [J]. 体育科学, 2016, 36（12）: 3-10.

[25] 郑伟, 韩笑, 吕有吉. 中国人口慢性病的总体状况与群体差异 [J]. 社会科学辑刊, 2022（3）: 139-149, 209.

[26] 韩德民, 卢九星, 李星明, 等. 中国健康服务业发展战略研究 [J]. 中国工程

科学，2017，19（2）：21-28.

［27］刘婧怡.浅谈科学健身运动对心血管系统的影响［J］.科学中国人，2015（18）：73.

［28］彭峰林，邓树勋.有氧运动健身的生物学机制［J］.中国临床康复，2006（40）：139-141.

［29］马红锋，周超，徐真真，等.运动康复训练联合音乐治疗对轻中度阿尔茨海默病患者肢体康复运动能力的影响［J］.心理月刊，2020，15（19）：101-103.